I0412877

Gaia V. R. Clerici

Tu hai ragione.

Copyright © 2012 gaia clerici

ISBN: 151 7283566
ISBN-13: 978 1517283568

PREFAZIONE

Ciao

ti sto scrivendo una lunga lettera perché vorrei proporti di collaborare con me.

Mi rivolgo a te che sei femmina, border, bipolare, anoressica o bulimica, perché vivi delle cose e dei pensieri che ho vissuto io per molti anni: direi 40 e ne ho 45...

E con la modalità del Tuo pensare e del tuo fare vorrei provare a realizzare un opera che sarà soprattutto una Tua Opera.

Tua e mia.

In questo libro io penso con te, respiro con te, s'offro con te, scrivo e penso come lo fai tu

e però provo a..Percorrerò con te alcuni temi, che ho masticato e rimuginato in tanti anni, attraversando sulla mia pelle tante esperienze,

lasciando a te il compito di interpretarli con il tuo disegno o i tuoi segni o i tuoi colori o le tue proprie parole scritte e i tuoi commenti se vorrai mandarmeli via facebook o posta,

per farne qualcosa che dia forma a quello che pensi e che abbia la tua firma.

Forse sbaglierò a scrivere qualche cosa o qualche opinione non ti rispecchierà così bene... nel caso perdonami, potrebbe succedere ma anche l'equivoco può far parte del gioco.

Forse ricordo male qualche cosa o male la descrivo, o ti sembrerà che non ti riguarda affatto.

Me lo dirai Tu.

Mi risponderai, se lo vorrai, disegnando o scrivendo.. e così sarà Tuo il prossimo libro.. con la tua firma.

Mi rivolgo alle persone che hanno un pensiero particolare che è quello a flusso continuo tipico di queste strutture di personalità a pensiero ciclico, ossessivo o compulsivo.

Per tutti coloro che non conoscono questi stati dell'anima , la lettura apparirà quasi impossibile.. Capisco bene che sia estenuante per chi non vive quotidianamente lo snocciolarsi mantrico degli stessi ossessivi pensieri. Troverai spesso ripetizioni.. parecchie sospensioni.. tante domande e meno risposte.

Ma..

Sarebbe interessante che il flusso di parole si trasformasse diventando qualcosa di creativo, invece di disperdersi in un divagare ignoto e fecondasse una bella idea.

La tua.

Sei inclusa in una cosa che è già tua.

Solo bisogna darle corpo, se lo vuole.

I disegni che perverranno verranno composti in installazioni dedicate e faranno parte di una mostra di grande valore che cerca casa come te. Mi aiuterai se lo vorrai, a trovarla.

Io provo a darti spazio, così come l'ho cercato e lo cerco per me in una giungla in perenne divenire che si chiama Vita, e a dedicarti rispetto, perché credo

che tu

prima di tutto

abbia ragione.

E che dentro di te ci siano cose da ascoltare e da vedere.

Credo anche che tu sia l'emblema di un intero mondo, il nostro, che come te vorrebbe vivere meglio. Scegliendosi vita e forma PROPRIE.

Tu prova anche solo per curiosità a darmi fiducia.

Mi scuso con gli uomini se parlo al femminile, la mia esperienza è femminile e in questa lettera non una sola virgola non è passata dalla mia carne prima di imprimersi su un foglio scritto.

Non oserei scrivere se non avessi vissuto tutto ciò di cui ti scrivo. Non sarebbe leale.

AUGURI A TUTTE /I

perché partiamo per un viaggio e-mozionante.

E' un rischio .

Ma credo che ne valga pena.

INDICAZIONE PER I DISEGNI O ELABORATI.

Ti ho indicato moltissimi spunti per fare dei disegni, collages o composizioni scritte che credo tu possa fare, se ne hai voglia o ti interessa il progetto, come se fossero dei rituali di meditazione sul tuo percorso, non importa se sono belli o brutti, importa siano tuoi... Per disegnare puoi usare le stesse pagine del libro che ti lascio libere, o dei fogli tuoi, e come metodo ti consiglio quello degli illustratori; se sul momento non ti vengono in mente o non ti riesce di disegnare di getto raccogli tu immagini dal computer o dai libri inerenti al tema, e poi assemblale, ricopiale o ricalcale, anche unendo un pezzo dell'una ad un'altra fino a ottenere un risultato che ti piace.

Non è obbligatorio né farli né spedirli, ma Se vuoi spedirmeli,anche non tutti, mi piacerebbe crearne una mostra itinerante o un altro libro a firma Vostra e il Segno Importante della Vostra Visione.

Non è detto che ci riesca, dipende anche dalla tua collaborazione e da quella di altre persone, ma tutto partirà da cosa mi spedirai.

La mostra o il libro si potrebbero chiamare " io ho ragione "o "io sono ".. e sarebbero ovviamente la Vostra Voce.. La Tua compresa.

Segui sulla pagina facebook " tu hai ragione " gli arrivi e I dettagli della mostra anche tua.

Saresti così parte di una Grande Opera, grazie alle tue Opere e alla tua storia.

E lo sei comunque...

Come promesso. Da sempre.

INDICE

1

IL MODULO D'ISCRIZIONE

Cara amica mia..

forse crederai leggendo questo e I prossimi capitoli,

che anch'io come quasi tutti, mi prendo un po' gioco di te.

Crederai facilmente,

perché oramai ci hai fatto l'abitudine, che il mio parlarti sia

ironico,

provocatorio,

irrispettoso,

interessato,

saccente,

ignorante e narcisista..

E che io scriva un po' per sfidarti sulla logica e su tutto quello in cui tu credi e dimostri .

Eroica   -   mente.

SENTIRAI pero'.

se mi apri una sola cellula del cuore.

Della mente.

Della pancia.

CAPIRAI però.

che quello che ti scrivo è vero e s'offerto quanto lo è la tua

DIFFICILISSIMA

vita.

Troppo stretta ? (stringe la gola) Troppo larga ? (ti ci perdi) .

1) *Disegna, se vuoi una figura stretta e una larga. Se lo fai,*
    *firma il disegno e spediscimelo firmato **Titolo: io e lei. Lo***
    sono o lo ho.

Disegno 1 – Io e lei. Lo sono o lo ho.

Sono con TE.

Perché è così complicato vivere ??

Non si sa. Mica l'abbiamo chiesto noi..

O forse si ? CHI ha deciso ?

Ma non doveva essere una cosa naturale ??

E adesso tocca a noi completare l'opera?

Di altri ? Di Chi ??

Per FORZA ?

Per forza di chi ?

Per amore di chi ?

Per VOLONTA' di chi ?

Si indaga ogni giorno alla ricerca del PERCHE' si va all'osso di ogni problema.

CI si immerge nel PENSARE, nel DOMANDAR-si.

Acque scure piene d'alghe lunghe. Di dubbi, di memorie, di rabbie.

Di speranze.

Analisi,

amici,

ragionamenti,

studi,

preti,

meditazioni,

preghiere,

ricoveri,

dottori

dietologi

giornali

pro mia e pro ana...

i 7 chakra..

come usarli ??

E come usare TUTTO?? anche la VITA?? CHE FARSENE?

Tante ragioni confuse mai una *Soluzione* .

TU sai e vivi molte cose, troppe,

che GLI ALTRI

ignoreranno per tutta la loro esistenza.

E l'aver CAPITO così tanto e VISSUTO così poco,

non ti è mai davvero servito a molto.

Più sai, più ti ritrovi FERMA.

STRANO. Irritante.

Mancano sempre i fondamentali,

QUALCOSA DI FONDAMENTALE e ignoto non ti fa muovere.

Ti stringe dentro abiti scomodi, dentro giorni stretti.

Come LA FORMA estranea di CORPO che ti hanno dato,

e un po' più ampiamente

la forma di tutta la vita e delle possibilità che ti circondano,

che ti interessano poco

o troppo.

Anche quando a tutti gli altri, sembrano "ottime opportunità"o
inutili vanità.

Poca forma e TROPPA SOSTANZA

sempre.

Sostanza celebrale, sostanza d'anima

sostanza la maledetta inutile

quella in più' , ingombrante che non serve. Un imballaggio improprio.

La ciccia che arriva dall'inferno come un' arbitraria punizione .

Non serve. Non servo.

Non servo a niente. O servo troppo.

Non sono serva di nessuno.

E sono

la serva.

Di tutti i miei pensieri.

2)Disegna se vuoi, una forma a caso o tante forme, se vuoi colorale e poi uniscile con delle righe o lasciale fluttuare nel foglio.

Titolo: La Mia Storia.

Disegno 2 – La Mia Storia.

La vita dove ti trovi non è mai casa tua.

E così il corpo dove ti trovi.

Non è mai il tuo.

Ti ci hanno rinchiusa. E' roba d'altri.

Non ti va.

Ed è pesante-stretto-scomodo e sbagliato.

Colpevole di esserCI.

Addosso.

Come fanno a dirti di amarlo?

Cosa capiscono, LORO.

Togliendo Gli Ingombranti . Si aprirà la porta ?

E dietro alla porta....

3)Disegna per favore cosa immagini di trovare aprendo una porta, che è stata bloccata per anni da una serratura rotta.

Titolo:il parto che porta alla porta.

Disegno 3 – Il parto che porta alla porta.

In questo corpo e in questo tempo,

tu vivi un **impotenza** stravolgente,

che contrasta così tanto con **l'onnipotenza** di pensiero che tu senti di essere.

Tutto è un altrove che sfugge, con immenso, inesorabile dolore e nostalgia

per ciò che non è mai stato.

Per cosa vorresti essere o non essere.

Lancinante nostalgia di una te stessa mai nata.

Voragine d'assenza, che tutto inghiotte.

4) Disegna per favore il Tuo Dolore, puoi fare righe e forme a caso. O solo colori. O forme vuote. O la faccia di un nemico, o di un finto amico, scrivere delle cose e scarabocchiare attorno. Se vuoi spediscimelo firmato.

Titolo: Il fedele compagno.

Disegno 4 – Il fedele compagno.

C'è un'ingiustizia pesantissima,

che tu *in ogni modo*

ma soprattutto in **UN modo**

UN SOLO modo.

E con ogni forza, con TUTTA la forza

stai s-tentando di combattere, in buona fede e con assoluta sincerità.

Lo so.

Infatti hai ragione.

Ma hai solo quella e non ti basta.

D'altro canto di partire per 'sto viaggio deciso da altri

da qui, da questo corpo, qui ed ora,

non c'è davvero alcuna possibilità.

E' come voler far partire una Ferrari senza ruote.

Ruote sufficientemente lunghe, sufficientemente forti, sufficientemente belle.

Per vincere una gara d'altri.

5) Disegna per favore una persona o con le gambe troppo lunghe o troppo corte o troppo larghe o troppo storte. E se vuoi spediscimi il disegno firmato.

Titolo: Spiderwoman

Disegno 5 – Spiderwo-man.

E' come dover affrontare una gara da formula uno con una panda scassata.

Panda.

Le gare le vincono le *leopardesse perfette*

e invece i panda

si estinguono.

6) Disegna per favore, un panda (un orsetto) o una pantera. Se vuoi spediscimi il disegno firmato.

Titolo: I miei gentili servitori.

Disegno 6 – I miei gentili servitori.

CHI HA OSATO.

Farti perdente ?

CREARTI senza chiedertelo?

Senza *farti approvare* il progetto ***nei dettagli e fondamentali??***

COME FARE, adesso.   A VINCERE ...

È la gara tua?

O tu sei il premio ?

7) disegna per favore un premio che vorresti ricevere all'inizio o alla fine di una gara.

Titolo: il mio Fine, la mia Fine.

Disegno 7 : Il mio Fine, la mia Fine.

Per S-Forza.

Dicono che sei l' **Unica Responsabile,**

della tua vita.. e che

DEVI - *ANCHE* - RINGRAZIARE - ..

Perché ti hanno iscritto alla loro gara, perché fosse anche la tua.

Mentre tutti ti accusano di disprezzare la vita,

tu la stai disperatamente rincorrendo,

dentro un vuoto pieno di mura cieche.

8) Disegna un muro per favore. Se ci sono degli spazi per farci delle finestre, disegnale e spediscimi il disegno firmato se vuoi.

Titolo: duro e puro.

Disegno 8 - *duro e puro.*

Lo chiamano, loro, " **atteggiamento vittimistico**".

NARCISISTICO.

Loro. Lo chiamano così. E parlano di te.

Non ne hanno alcuna idea. Non la benché minima idea di cosa pensi e di chi sei.

Morirebbero all'istante dentro. Se l'avessero.

Non possono capirti.

Se lo fanno. Muoiono con te.

SOLO TU,

sai resistere alla tua REGINA e alla tua Ragione.

Nella tua PRIGIONE.

Ti ripetono in molti, ogni giorno,

che la tua convinzione è assurda, che stai sprecando la vita, che ti stai buttando via, che sei

pazza,

stupida,

violenta,

superficiale,

pigra

colpevole

capricciosa

egoista

narcisista

infantile

arrogante

IN GRATA

vittima....

nel migliore dei casi,

solo

malata .

di MENTE. O . di NIENTE.

L'ipotesi della malattia ti **assolve** in effetti, perlomeno in parte, dall'essere colpevole di ingratitudine verso il creatore.

Verso I CREATTORI.

Ostile Al creato e alla Sacra Vita.

Essere Malata, un po' salva. E i neuroni in effetti..

I tuoi accusatori, soprattutto quelli che **ti amano** con tutto **il loro più sincero cuore,** credono alla vita **con tutta** la loro **mente.**

COME FOSSE UNA COSA OVVIA.

Come fosse ovvio mettere al mondo un figlio (FARE un figlio, dicono)

che trovi ovvio essere stato messo.

Al mondo.

Essere stato

FATTO.

Per te non lo è. Non è OVVIO.

E

HAI RAGIONE.

*9)Disegna una persona o un anima che deve ancora nascere , puoi usare colori o forme astratte, o disegnare dei simboli o una figura inventata.Basta un punto o un segno..**Titolo: io & d-io.***

Disegno 9 - io & d-io.

Come tu dal tuo altrove osservi ad occhi sgranati o serrati,

gli ALTRI

amano la vita come fosse scontato.

E la vivono con-vinta-mente, anche se soffrono e non capiscono.

A " loro " le esperienze e le sconfitte servono a crescere, dicono...

A te ad affaticarti.

E tu non riesci a capire come diamine facciano.

Qual'è il bisogno che motiva l'obbligatorietà del percorso ?

Ma soprattutto è il BISOGNO di chi ??

Sarai mica tu UN BI-SOGNO ..di chi ti ha FATTO ?

ASSOLUTAMENTE NO! / SI !

Cosa muove e guida dal dentro queste persone tutte.

Infinitamente **superiori /** Infinitamente **inferiori.**

Così lontani. Così stupidi.

Loro hanno Sempre e Solo la Bellezza del corpo che a te darebbe tanta sicurezza ??

La FORZA di andare AVANTI / indietro / a lato ? (verso dove ?)

Mentre tu hai solo la FORZA DI RIMANERE FERMA ?

Da dove parto ?

Da un parto ?

Verso che porto ?

10) Disegna come immagini la tua origine. Usa se vuoi linee o colori astratti. Se vuoi spediscimi il disegno firmato. **Titolo: st-art**

Disegno 10 – *st-art.*

Ti hanno strappato dall'eternità senza il tuo consenso, pare..

per farti giocare per forza a un gioco che non ti entusiasma.

In un qui ed ora **pieno di doveri e percorsi** che non ti interessano..

Ti cancellano o ti curano, perché stai cercando la tua casa.

Che non è questa.

Perché il " folle" , nella vita non è ammesso,

ci vuole *almeno* la prima marcia....

Ti hanno ficcato a forza dentro un corpo, che , diciamolo,

con te non c'entra nulla

e che ti sta addosso come un

pesante abusivo estraneo impostore a traino.

E pensano che tu sia pazza a volertelo levare di dosso, continuano a ripeterti che è bellissimo....

BELLISSIMO....

Idioti..

Storti alti bassi grassi magri goffi spettinati troppo pettinati cretini pallidi rosei asserviti troppo servi, troppo padroni, troppo brutti, troppo belli.Troppo lontani, troppo vicini.

Inutili e indispensabili.

11) Disegna cose pesanti. Usa forme astratte, o colori, o un oggetto in particolare che odi. **Titolo: mi pesa.**

Disegno 11 - *mi pesa.*

Ma di che parlano .. Ma hanno un idea di cosa sia la bellezza??

Tu si. ESATTA.

La contempli, La adori e La veneri ogni giorno.

Lei ti guarda da vicino e ti chiama da lontano.

E tu Le appartieni..

ma Lei Non ti Appartiene.

Perché non l'hai GRATIS come Quelle dei giornali ?

Il tuo corpo non rientra nei requisiti base neanche da lontano.

Eppure nel *"modulo per nascere"* lo avevi specificato..

" nasco SE e solo SE, "..

Non è mai stato bello (potente)**abbastanza** per regalarti **TUTTO,** per aprire tutte le porte..

Forse lo è stato per pochissimo tantissimi anni fa.

Loro confondono i requisiti base per Esserci

con l'Esserci tout - court.

Partono da dove nascono, come fosse normale.

Senza preoccuparsi più di tanto, di che tipo di ciccia e di storia li ricopre ....

12) Disegna per favore i requisiti base di cui avresti bisogno per andare a una festa o a una battaglia sicura di te. Se vuoi spediscimi il disegno.

Titolo: Cenerentola e le scarpette di vetro.

Disegno 12 - *Cenerentola e le scarpette di vetro.*

Il   grazie no   non l'ha previsto nessuno.

Sei un eretica.

Non ami la vita ne te stessa, non è previsto e non è ammesso.

Non è naturale né culturale né tanto meno

MORALE.

Cara extraterrestre..

13) Disegna per favore un extraterrestre. Se vuoi spediscimi il disegno firmato. ***Titolo: dfosjjieorlòò0035.***

Disegno 13 - *dfosjjieorlòò0035.*

Se almeno ci fosse il corpo bello anzi strepitoso no ?? Che capitale!

Tutto ai tuoi piedi, tutti ai tuoi piedi.

Non sarebbe più una gara ma una passeggiata in un giardino fiorito.

Pensile.

Con i seguaci dietro e la luce davanti.

Piscine d'amore ardente..cascate d'oro.

Uno specchio che non ti sputa addosso..

Un corpo scudo che schermi ogni malanno, che attiri ogni bene,

che vinca per te subito tutte le gare del mondo

per poter partire incolumi..

e RIDARE la sua corona a *chi* dentro di te

famelica,

ha fame di forza,

fame antica da femmina felice. Regina e Padrona di Se Stessa.

Sarebbe un pochino più possibile, con una corazza ammirevole,

vincere la guerra dove sei caduta

con le armi adeguate sarebbe pensabile.

ma così..

NO.

14) *Disegna per favore che cosa secondo te potrebbe proteggerti dal male e renderti invincibile. Se vuoi firma il disegno e spediscimelo.*

Titolo: l'Aura Fortezza.

Disegno 14 - l'Aura Fortezza.

Nel medioevo si punivano gli eretici con la morte fisica e nella civiltà odierna con quella sociale,

ma a te non è il mondo che ti punisce, lo fai abbastanza da sola.

Il mondo ti punirà più tardi, imitandoti, quasi su tuo invito. Per darti ragione sul fatto che non vai bene.

Azione e reazione, domanda e risposta.

Il Mondo esterno sarà ti farà da specchio potenziato,

tu ti odi, lui ti elimina.

Perché **l'esistenza proprio non sopporta che non si accettino le sue regole. Specialmente che non si accetti l'esistenza stessa.**

Un po' come te..

E' permalosa, l'esistenza, non è gratis, costa pure cara e non l'hai chiesta tu.

Pazzesco no ?

Per vivere bisogna voler vivere, ma non c'è l'uscita.

Non stavi forse benissimo nell'infinito a-materico di prima ? O di dopo ?? Woooooooohw il nulla **senza peso..mai s-peso..**

Che gelida nostalgia azzurro ghiaccio di quel tiepido cachemire rosa..

15) Disegna per favore come ti immagini di essere stata prima di nascere o cosa ti immagineresti di essere se non avessi un corpo umano o un corpo in generale. **Titolo: C'era una Volta.**

Disegno 15 - *C'era una Volta.*

Dicono sia necessario il male per sperimentare la libertà . **Ma chissenefrega ??? !!!**

La fuga di Siddartha dal regno...decadere per risorgere di nuovo ..... UUUUUffffaaH!

Tutta questa fatica...che noia.. What a non - sense..

Il Senso della Vita. Una domanda comune.

Ma tu non fai una domanda.

TU SEI LA DOMANDA.

E fai un sacco di richieste.

Giuste.

Sei qui col malloppo del tuo esistere in mano, in equilibrio instabile tra pazzia e saggezza.

Ferma.

Da quanto sei ferma?

16) Disegna per favore qualcosa che si muove molto. E qualcosa di immobile sullo stesso foglio. **Titolo : part-ire.**

Disegno 16 - part-ire.

Esistevi già prima di quel coito inconcepibile ??

E **tu** là dentro, là fuori, **vincesti**, pensa,**la tua prima gara**..

Vincesti o cadesti per Errore? Amore ? Malore? Stupore?

Qualcuno ha compilato per te i moduli di iscrizione...

Ma tu per giocare, se proprio lo **devi** fare, hai stabilito quali regole ti interessano e quali no.

E il mondo ha stabilito che hai torto.

E il mondo immensamente è più forte di te e non cambierà di un micron le sue leggi per accontentarti,

e ancora pretende di dire che sei una sua adorata creatura....

TUTTO DA CONQUISTARE.

Stellina mia accartocciata.

Io credo che tu abbia ragione, a essere arrabbiata.

Da molti anni ho la tua stessa ragione, che non mi è mai servita e mi ha legato mani e piedi, e tolto la vista e la parola.

Non sono capricci i tuoi,

perché sei al mondo senza pelle e ne hai bisogno per non soccombere,

e alla tua pelle e al tuo confine hai dato tu il nome che è un nome segreto, forse anche a te stessa.

Come ti chiami? Tu, là dentro?

Lo sai ?

17) Disegna per favore il tuo nome o il nome che vorresti col carattere e lo stile che preferisci e disegna qualcosa intorno o dentro alle lettere. **Titolo: il Mio Nome segreto.**

Disegno 17 – Il Mio Nome segreto.

Inconsapevole di me stessa e accecata dal dolore, dentro una lucidissima analisi. Mai per un secondo ho voluto e potuto sapere chi ero. Sorretta e nutrita per anni da ragionamenti perfetti e da dolori siderali, come perfetta volevo e dovevo essere io, regola imprescindibile e unica per cominciare a giocare.. non ho mai saputo percorrere il primo gradino. Pensando di essere già in cima.

Ma in me, come in tutti, di perfetto come requisito minimo, non c'era nulla. Come è ovvio che sia.

Solo che io non me lo potevo permettere, perché senza quella perfezione ero esposta alla distruzione.

Se quindi dovevo proprio restare qui, per vivere il " dono "che per me era la più arbitraria della condanne.. bisognava prima distruggere tutta l'imperfezione dell'involucro.

Dell'imballaggio fatto male, senza indirizzo e senza mittente.

E casomai di partecipare alla gara se ne sarebbe parlato dopo.

Per adesso non avevo tempo di vivere.

Per cominciare a costruire ci volevano i mattoni, io non li vedevo, quelli che avevo, anche tanti, mi si sbriciolavano in mano perché non li capivo.Non li sapevo usare. Non sapevo che farmene. E che cosa costruire.

Mi crollavano addosso.

Montagne di mattoni inutili e storti (ma erano incastri).

Perché se si guarda solo il tetto e non si vede la scala, il tetto è e rimane un illusione sospesa. Che comunque crollerà.

Addosso.

E i mattoni da soli e senza progetto approvato, sono noiosi anche quando servirebbero a costruire la più magnifica delle costruzioni.

E non si fece che una montagnetta di sabbia..

E di rabbia.

18) *Disegna una piramide o un agglomerato di forme astratte, linee e punti .***Titolo : Il mio tempio fragile.**

Disegno 18 – il mio tempio fragile.

Vogliono che tu ti adegui e accetti questa scatola dove ti trovi, piccola e buia che ti hanno chiamato vita .

Ma tu non puoi fingere.

Dicono che sei bugiarda

ma

SEI LA VERITA'

anche quando menti.

Non ci respiri. Non si può mentire.

Io lo so, tu hai ragione

e come tutti vorresti solo respirare

e come tutti

con la massima urgenza

incontrare uno sguardo da amare

dietro e dentro le mura.

2

LA MAMMA BAMBINA

La luce era acquosa e rimbalzava nel ballo molle a quadretti delle tende leggere di una cucina semplice, nella casa improvvisata al primo piano di una bella palazzina con giardino.

Il pavimento di marmo, le pareti bianche mai troppo bianche, un lavandino moccoloso e il sornione rimbrottare del frigorifero ingombrante.

Ma fuori sul balcone al primo piano si salutava lo sfrondarsi di un albero leggero e fresco sempre in lotta coi vapori unti del ristorante toscano che impastava imprecazioni a sferragliare di posate.

Lei tornava nella casa spigolosa dopo i pomeriggi d'erba dei bambini

e ad aspettarla lo sguardo trasparente di quella mamma fedele e sola e il suo frullato di fragole e latte.

Il sorriso piegato, gli occhi altrove e le mani giovani sempre in attesa di accarezzare il frutto di quell'amore proibito, venuto a tradimento, che le aveva ucciso per sempre tutto ciò che avrebbe voluto far nascere..

Nessuno mai le regalò quel matrimonio promesso in cambio di quei nove mesi e di tutta la sua vita..

Era una figliolanza clandestina e fuorilegge, amata e voluta come in un delirio e.statico. E ottenuta tra i cementi di periferia di una milano anni 70.

Il magnifico Lui, viveva nei palazzi nobili del centro, tra statue, odore di carta antica e cameriere di cotone stirato tra altissime stanze pregiate.... lontanissimo..

Quella mamma di vetro, sola, dentro alla casa di ghiaccio preparata in fretta, quando ogni sogno si era infranto intorno a un pancione già grande, un pianeta solitario che ha perso il suo sole in un cielo freddissimo e tutto vuoto..

I bambini salivano con lei, per fare merenda attorno agli spigoli di formica bianca di un tavolo striato di luce.

E tutti loro avevano una merenda e un destino davanti.

Trillavano risate e rimbrotti, sui giochi in scatola che si spianavano sul bottino ambito di briciole e nutella.

Nessuno li sgridava per le mani pulite di terra.

Tutto sembrava normale da quella piccola prospettiva di bambina.

E calava la sera grigia scura, alle note del carosello, sul divano immenso un po' ruvido,

si stringeva nell'abbraccio più unito, al corpo profumato di solitudine di una mamma che non avrebbe mai lasciato..

Si spegneva la giornata e si alzava il terrore delle notti di marmo.

E il tempo passava contando le gocce del lavandino, nel sudore agitato di un sonno che non arrivava, spiando le ombre che promettevano pericolo rubando il respiro , fugaci e beffarde dietro al vetro smerigliato delle porte troppo lucide.

Con la voce esanime e i brividi nell'anima, implorava a lei, un abbraccio tra bambine.

Dopo poca insistenza approdava a quella zattera quadrata di salvezza, incontrando solitudine a solitudine

nel grandissimo letto

per tornare viva in quel respiro aggrottato,

in quel porto e a quel parto,

che abbracciando lei pensava a quell' adorato "lui" mancante e lontanissimo sui suoi destrieri biondi e vincitori.

In quell'abbraccio pieno d'amore e rimorso ritrovava tutta la tua casa, minuscola e infinita, pensando come aveva fatto lei, che fosse un per sempre.

E ancora per una volta la notte tornava a essere azzurra

e il respiro sereno.

Per te e per lei.

19) Sottolinea le parole che ti colpiscono e scrivile in fila o in ordine sparso come ti viene. Qui sotto o su un altro foglio. e se vuoi firma e spedisci.. **titolo: la mamma Rosa.**

Poesia 19 – la mamma Rosa.

3

LA SCATOLA DI SPECCHI

Quanti volti, quante storie meravigliose, a volte tragiche ma vive

hai visto passare dietro quei **vetri spessi e deformati**

della scatola piccola, di vetro, dentro la quale sei da sempre chiusa

da sola.

La gente, amica o nemica,

si avvicina e **ti grida da fuori**

che la vita è bellissima.

Vivono tutti di amori, passioni e pane quotidiano, viaggi in autobus per andare a lavorare, studiare, mangiano fragole e bistecche, fanno l'amore, si prendono o si lasciano, costruiscono strade e palazzi,

e la loro storia

mentre tu distruggi la tua quando ancora non c'è.

Ti dicono che è **tutto normale,** che **lo puoi e lo devi fare** anche tu, che tutti hanno i loro problemi e che tu come loro

DEVI

superare

i tuoi,

lasciarli da parte, capire volere, *soprattutto volere*

basta volere.

Dicono che l'universo ti ubbidisce... Basta volere.. *davvero.*

Dicono.

Dicono.

Sentenziano.

E se ne vanno.

Allunghi le mani, non li raggiungi mai.

Sempre più lontani.

Dietro al vetro.

Come puoi "volere",

tu,

adesso,

qui,

qui *dentro,*

quando la tua tutta, acerba e prigioniera volontà è incastrata in un'altra vita?

Con quali MUSCOLI si attiva il " volere " nel cervello e nel corpo ...

Vuoi un respiro, un solo respiro della loro aria magica,

che tutto fa accadere.

Lo implori. Non arriva.

Non c'è.

Loro si sentono addirittura rifiutati, allontanati per disprezzo

e te lo dicono

o si allontanano in silenzio,

senza che tu capisca.

Questa cosa fa molto arrabbiare, o fa sentire in colpa molto ...

Sono sempre immensamente lontani,

superiori o inferiori,

diversi,

dall'altra parte del vetro infrangibile.

Dietro al vetro e davanti a te scorre emorragico un fiume continuo di vita estranea.

E tu stai a guardare. In apnea o in affanno.

Le parole e le immagini arrivano deformate.

Ri-flessa in pareti stanche di vetri distorti.

Tu ti appassioni a poche cose,

il tuo corpo, le tue lotte,

sempre più strette e giganti

dentro lo scrigno scomodo che non cresce con te.

Dentro quella scatola nera non entra sole,

ci stanno solo le tue guerre.

Sempre più gonfie loro, sempre più stretta tu.

E te le devi levare di dosso..

e devi uscire da li...

REH-SPIH-RAH--HAAA-REH.

La volontà che tutti ti dicono di rafforzare

è proprio l' anaconda che ti soffoca,

la zavorra che ti affonda.

Più vuoi, più perdi.

Ti rifai col peso, o col cibo o col vuoto,

ma sono effimeri deliri,

un rapido e orribile meccanismo di carne.

La Vita è altro e altrove.

Come lo sai bene...

Ma non sai che è

MOLTISSIMO **altro e NON DEL TUTTO altrove.**

Cerchi aiuto dappertutto,

parli con tutti,

occhi e orecchi sempre tesi per scovare la perla magica.

Fatiche titaniche da ferma. Ma nessuno ti vede.

Sei in una scatola.

Parlano a se stessi avvicinando la faccia al tuo chiuso labirinto fatto di specchi concavi e convessi.

Nessuno ti raggiunge.

Nella fortezza.

Dopo un po'. Dopo qualche anno, ti accorgi che **ripetono** tutti le stesse cose.

E tu **ripeti** le tue.

Per loro c'è sempre una via percorribile, una vita possibile, in realtà obbligatoria,

un varco nel muro e una colpa da qualche parte.

Loro camminano, a te interessa solo volare .

E rimani ferma.

Aspettando le ali.

E li guardi, **passare avanti,**

a piedi.

Ti spacchi le nocche contro quel vetro sibillino.

Non ne puoi più di te stessa.

Davvero sei stanca di nuotare in tondo nella bolla da pesce rosso che ti sta così stretta.

E da la nausea.

Non rimane che il tuo corpo da scavare per trovare lì il passaggio,

la verità che sta dentro di te, l'essenza da cui ripartire,

liberandoti della prigione inutile di cui ti hanno ricoperto le ossa.

Aspetti agitandoti, un principe un dio o una sostanza che entri lì e ti porti via.

E loro che **vorresti così tanto amare**

ti guardano da fuori senza vederti,

attoniti e delusi

e non una sillaba di luce ti raggiunge.

20) disegna per favore una cosa, una persona o un simbolo che vorresti raggiungere. Se è difficile colora solo la pagina di un colore che ti piace, pensando sia una porta. **Titolo : un passo posso?**

Disegno 20 – Un passo posso ?

4

LA TRINITA' MALVAGIA

C'è una trinità che non è quel regalarsi vicendevole d'amore gratuito e fecondo tra Padre, Figlio e Spirito Santo in cui dovresti essere anche tu compresa.

In tante religioni si parla di salvezza trinitaria, in quelle monoteiste di UN Salvatore, in particolare.

Le religioni impregnano le culture e le società, e tutti I loro componenti non ne sono estranei, neanche gli atei più convinti.

Perché essere " salvati " e riscattarsi dai pesi di una storia, e dagli errori a volte gravi, propri & altrui,

è un **bisogno universale** degli esseri e-voluti.

Anche tu, come tutti

cerchi un SALVATORE.

E'

il fidanzato,

il papà,

il guru,

la pillola,

l'amica mistica,

l'amica amorevole,

il lavoro,

la televisione,

il professore,

la comunità,

il GRANDE PADRE,

LA GRANDE MADRE,

IL GRANDE FRATELLO,

IL GRANDE AMORE,

qualcuno potente...

ONNIPOTENTE

che soprattutto

ti insegni a essere onnipotente quanto lui.

21) prova a disegnare in un simbolo colore o forma una figura potente che potrebbe salvarti.

titolo : L'ALBATROS.

Disegno 21 - L'Albatros

Il salvatore che **cerchi** tu, anzi quello che **trovi**,

è però,

solo l'apice di un altro triangolo ,

una triangolare lancia affilata,

che ti insegue e che insegui da sempre sulla tua altalena impazzita.

Un triangolo all'insù

che genera un esistenza avvelenata di colpa da riscattare,

di peccato originale da espiare. Purificare, redimere...

Che peccato che sono nata,

che sono grassa,

che sono impura,

che sono imperfetta,

che non sono una modella del giornale.

Colpevole tu, santi gli altri,

Colpevoli gli altri, vittima tu.

Goffa, Colpevole, reiteratrice di Errore

ed Errore tu stessa. Senza appello,

condanna sicura,

a morte e a vita..

E sempre quindi si aspetta, si invoca e si implora

un Potente Salvatore

che soprattutto **liberi dalla colpa.**

E dal grasso.

E dalla schiavitù'.

E ti trovi il fidanzato.

E il magnifico lavoro,

e ti ridia il tuo corpo vero...

E chi visse sperando...

Nel gioco delle tre carte,

che come tutti i giochi ricalcano così acutamente la struttura interna della vita,

il Salvatore che cerchi nel tuo specchio deformato si materializza a tua immagine e somiglianza.

Vittima o Colpevole Carnefice, nel triangolo maledetto che si chiama

salvatore-vittima- carnefice.

Sarebbe meraviglioso se fosse vero,

che ci fosse davvero un Salvatore

che **gratuitamente**

apparendo nella tua vita e soprattutto nella tua mente,

potesse renderti

Magnifica e Intoccabile,

Padrona di ogni tuo io

e di ogni voi,

ma **il Salvatore**

ha bisogno di una vittima

da salvare.

E questa tu sei.

Lo sei ?

Il Salvatore ha bisogno di un carnefice da eliminare.

E questo tu sei .

Lo sei ?

Il Salvatore salva fino a che hai BISOGNO poi non va via gratis.

Conosci il prezzo ?

In una scatola di specchi, si trova solo chi ti ri-specchia.

Chi arriva sono facce tue che vedi da dentro le pareti strette della tua mente.

La vittima e il carnefice li hai soprattutto dentro di te, come una faccia tua è anche quella Sapiente del Salvatore, che è già nell'hardware.

E fino a che saranno là, ogni incontro proietterà questa famiglia oscena, trina e sinistra, monca di lieto fine..

Tu trovi gente che ha la tua stessa malattia al contrario.

Onnipotenza, dominio, inferiore superiore, volare...

ti propongono quello che già hai e te lo vendono caro.

E credi sia la Cura, solo perché e' roba nota..

Chi sei dei tre in questo momento?

Sei **vittima?**

Lo sappiamo e non scherzo né mento,

del tuo corpo, di dio, dei tuoi genitori, del tuo fidanzato, del tuo passato...

Dà a tutti un certo sollievo essere vittima perché almeno rende esenti (per poco) da colpa e responsabilità (per finta), quasi come essere malati..

Gioia sterile ed effimera,

perché a cosa serve non avere colpa e responsabilità??

Rende impotenti definitivamente.

E' davvero interessante essere *impotenti purché innocenti* per un attimo ?

E poi se vedi, in molti, te compresa, pensano esattamente il contrario, cioè che tu sei piuttosto

il carnefice,

quella che non si ama e non ama, quella che si scarnifica o si seppellisce,

quella che pensa solo a se stessa.

(E a chi dovresti pensare che sei la dentro sola ???)

Quella che pretende troppo da se stessa e dagli altri, quella che non si da tregua e non da tregua .

Ma tu ti devi liberare da una gabbia spessa..

L'ossessiva torturante.

Eh, beh, finché non si libera una porta ... continuerai a bussare.

Ossessiva per fortezza.

Quante volte hai odiato, disprezzato, giudicato allontanato,

altri o te stessa ??

Ma cercavi il varco.

Spostavi ingombranti macigni, o ci provavi..

Chi

ti sussurra da dentro le mura che sei orribile e indegna quando passi davanti alle vetrine dei negozi ???

C'è una capò nazista che ti parla dall'interno e tu vivi in regime di guerra .

Qualcuno stringe l'assedio, qualcuno è assediato, qualcuno arriva a salvare e vince guardie e cavalieri.

Chi sono tutti questi,

se là dentro tra i sei specchi del cubo

non entra nessuno?

22) *Disegna tre figure per favore, astratte, diverse o uguali tra loro, o tre simboli o segni, o tre parole sullo stesso foglio.*

Titolo : V C S.

Disegno 22 – V C S.

Il mondo si divide tra chi ti difende e chi ti accusa.

Esattamente come fai tu.

Specchio delle mie brame dimmi...

Ti difendi

DA MORIRE

e ti accusi

da MORIRE.

ESTREMO SU / ESTREMO GIU.

Le montagne russe del dolore.

In un cerchio .

Dove sei adesso??

Tua madre chi era nel triangolo ? E tuo padre?

E il tuo corpo ? E dio ?

Vittima e carnefice,carnefice e vittima,

si cercano e si amano e si distruggono e si rigenerano, un vincolo malefico che non so chi sa rompere..

E il " Salvatore " dunque che quando arriva?

E come entra ?

LA Soluzione ??

La Salvezza Promessa?

Il Redentore.. Colui che può e che tutto sa ??

IL FINALMENTE LUI ?

IL FINALMENTE MIO ?

IL FINALMENTE IO ?

Stai attenta, piccolina, apri gli occhi anche al buio..

Arriva è vero per salvarti, ma tu non sei salvabile,

perché hai ragione,

e non viene gratis.

Non esiste salvatore che non sia a sua volta lo specchio unificante di vittima e carnefice.

Presto, O PEGGIO troppo TARDI, si vendicherà per non vederti salvata, come vorrebbe lui. Si accorgerà che hai troppa ragione o troppo torto e che non ha alcuna onnipotenza in più di te su di te.

Tu lo sovrasti, perché ti sei presentata agnello ma sei tigre almeno nelle unghie e lui si aspettava la lusinga della tua guarigione, che credeva di aver visto nei tuoi occhi abbagliati.

E tu non gliela concederai.

Si lamenterà perché tu sei troppo difficile e pesante,

"perché non vuoi guarire ".

 Alternerà anche lui come te in se stesso

il pendolo superiore/inferiore.

Tu lo scomponi

e lui ti lascerà dove ti ha trovato,

dove tu hai trovato lui.

Ha altre strade, tu non sei che un episodio,

e tu credevi davvero che lui fosse il tuo Eterno

Ti eri tanto fidata...

Gli avevi dato in mano l'anima, perché te l'aggiustasse .

Ma l'anima tua è più furba. Sa cambiare di continuo i codici della cassaforte.

Per te *lui* era il tuo respiro, il tuo respiratore,

la tua vita,, la tua luce accecante,

la tua guida, la tua strada, il tuo freno e la tua marcia,

il tuo tutto,

il tuo niente..

Se impari a respirare coi polmoni di un altro

che ti salva.

L'aria che ti compri

non sarà mai la tua.

23) disegna te stessa x tre volte, sullo stesso foglio. **Titolo : io sono tre.**

Disegno 23 : io sono tre.

5

LA GAIA SCIENZA

Finalmente Qualcuno ti ascolta senza deriderti,

senza darti della sciocca, senza dirti che SE VUOI ce la puoi fare da sola.

E ti ascolta per ore ed ore.

A tariffa oraria.

E' un Professore.

I disturbi dell'umore border-line e all'interno di questi anoressia e bulimia, sono stati riconosciuti a tutti gli effetti come patologie vere e proprie (non solo capricci o *solo* risultanze di vissuti) e spesso sei così fortunata da avere diritto ad assistenza medica gratuita, anche se cps ospedali e consultori sono talmente sovraccarichi di gente nata male, che non è che è sempre agevole trovare un appoggio nelle urgenze, specie se ne hai bisogno assiduamente.

Parlo dei medici che usano le medicine, diverso, spesso addirittura in lotta dogmatica con il primo , è il mondo della psicoanalisi e delle psico terapie, delle affascinanti indagini su come è animata l'anima e la mente e correlato il corpo a loro..

Parola contro chimica, ma la parola è chimica.

Fortunatamente le due realtà sempre più spesso collaborano e interagiscono, in percentuale variabile e non si sa mai bene quale sia il mix percentuale o la via ideale, specie quella perfetta per te, in particolare.

C'è sempre un'amica o una conoscente da qualche parte che è così ben guarita perché è andata da..o perché prendeva il..

Da qualche anno, un ventennio circa si è cominciato a parlare ovunque e seriamente, con basi scientifiche e studi seri di biochimica, della depressione bipolare, disturbo border-line della personalità applicato all'anoressia e alla bulimia, nuove e vecchie dipendenze...

Finalmente.

Nell'ottocento si era isteriche, negli anni 70 schizofreniche, adesso siamo border-line e bipolari.

OK. E' vero.

Io ci credo,

anzi mi piacerebbe che si ricercasse di più e meglio.

Anche la società dove viviamo è border-line e bipolare, in ogni cosa. E se ci osservi si sta auto distruggendo anche lei, come te.

Indecisa se essere perfettamente tecnologica o imperfettamente umana.

Oscilla tra il buonismo e il disfattismo, siamo vegani ma manderemmo a morte il vicino di casa che ci riga la macchina, siamo lavoratori, ma non ci interessiamo se il nostro lavoro ha senso o no, andiamo dall'avvocato per non uccidere, e preghiamo l'avvocato di uccidere al posto nostro, legalmente..

Predichiamo il superare tutti I limiti, e barrichiamo frontiere per il terrore che il nostro mondo non abbia confini..

Sei una dependance espressiva di un problema più grande di cui si occupa un sacco di gente.

Sei la voce di carne e di lacrime di un mondo che come te vorrebbe essere più bello.

E se lo meriterebbe.

Per le fatiche e la Storia che ha.

E per l'evoluzione che dovrebbe avere.

Sei Emblema del GRANDE PROBLEMA.

Incarni e scarnifichi la vita border (confine) di un mondo che non sa perché esiste.

Il nostro è per definizione, un mondo al confine,

un mondo di confini stretti o troppo larghi, o nulli.

Bipolare.

A volte sei una cavia privilegiata e neanche ti dispiace.

A volte ti fotografano per i libri scientifici, molto meglio se per i cartelloni pubblicitari...

Che fortuna quella di Oliviero Toscani !! E' diventata famosa, beata lei, l'hanno vista tutti che fortuna, ed è persino morta !

Famosa per il suo dolore. Affamata come tutti di sguardi.

E' rassicurante pensare che non sei più solo una viziata capricciosa, superba e superficialema che in effetti ci potrebbe essere qualcosa di organico che non va che si cura con una pillola che mette a posto, vita, senso della vita e destino.

Chimica-mente.

Una SOSTANZA non magica ma scientifica, che guarisca quel neurone deforme che ti ha dato in dote per errore del cielo, la tua nascita o la tua crescita.

My mother gave me a doll... una bambola rotta, un eredità difettosa...

24) cerca su internet le immagini ingrandite dei neuroni e delle sinapsi, e ricopiale pensando a come sono adesso le tue.

Titolo: il mio giardino segreto.

Disegno 24 – il mio giardino segreto.

Ricerchiamo una pillola che ti salvi, non dalla morte, che non è certo quello che temi, ma da una brutta vita, che è quello che vivi ogni terribile tuo giorno.

Bipolare e border-line sono diventati termini di moda, così tanto che proliferano articoli, consigli e trafiletti, anche nei giornali che nell'articolo prima suggeriscono le creme solari più in voga per la stagione o elencano i valori fondanti della vita di angelina jolie.. carinahh....

Seroquel, abilify, ziprexa, rivotril, anafranil, xanax, tofranil, depakim, litio, cymbalta, tegretol,zoloft, trittico, parmodalin, serotonina triptofano e affini...

Il tuo cervello e la tua anima diventano il campo da calcio per mille strategie di attacco e difesa, tra farmaci nuovi e antichi, benedetta la ricerca sui neurotrasmettitori,

e per un po' tu speri.

" farmaci di nuova generazione".. fatti apposta per te.

Servono a guarire l'anima ?

E l'animale ? E la donna ? E la bambina ???

Servono a bonificare la tua storia?..

Servono a ridarti un origine?

Un Part- ire??

Non credo del tutto,

ma dopo tanti anni di paralisi SI usano ANCHE pratiche di riabilitazione motoria,

una stampella, un tutore o il tapirulan lento.

Poco importa che gli esami dicano che il tuo cervello non ha nulla. Lì la ricerca non è ancora arrivata, come la chiesa non è ancora arrivata a spiegare altri miracoli.

Per adesso ancora

NON TI CAPISCONO,

NON SANNO COS'HA

o non ha

IL TUO CERVELLO....

Serotonina e triptofano, santo Cassano..??

si certo, BENISSIMO un valido aiuto giusto.

e poi ???.

Tu ti affidi alla medicina, anche se l'amica che ha scoperto da poco fiori di Bach e Vipassana, ti spiega che i medici sono tutti parte di una lobby malefica che trama contro di te.

Che Confusione.

A volte anche tra i medici o i guaritori..

Guarisci ?

E' una stampella per ricordarsi di camminare

la tua **pillola non magica.**

Non ancora per correre e certo non mai per volare.

ma..

Continua a andare dal dottore,

occhio che sia un dottore e non un commerciante di nozioni,

o un altro Salvatore,

non lo è.

Ma può essere un dottore.

La ricerca che si sta facendo è importantissima ma ancora non sempre efficace e spesso teatro di litigio tra psichiatri e psicologi.

Si contendono un primato su di te, anche loro hanno e loro debolezze narcise.

Ambito premio che tu ti sblocchi, per ubbidire.

Giusta ricerca che tu ti sblocchi, per amare.

Imparino anche loro a collaborare.

Tra di loro E con te.

Finalmente sei importante,

su di te la scienza ha fatto un passo grande per capire qualcosa anche dell'anima, e si sa oramai, che anche quella non può esprimersi se immersa in una pozza di biochimica sbagliata.

Ghiandola pituitaria, ipofisi, ipotalamo, cortisolo surrenali...

Ma siamo lontaaaaaaaaaaaaani..

Chi comanda, tu o le sostanze ? Tu sei sostanze ??

Chi è il regista la dentro??

E cosa vuole per comporre le scene ? Pillole ? Si, vero.

Però poi **per che film ??**

Piccola stella,

adorabile bambina cresciuta,

afflitta vecchietta bambina,

grande cara piccola amica.

Come ti stimo,

come ti ammiro,

come ti capisco,

come ti sono vicina,

nella tua lotta di rosa con le spine troppo piccole,

tutte inesorabilmente puntate verso te stessa..

Nella stanza del medico finalmente qualcuno ti ascolta.

Dentro questa scatola almeno siete in due,

per ore,

costa tanto ma ne vale la pena,

lui è **scienza**,

causa effetto e sperimentazione,

e tu ,

birichina,

ascolti e fai una doccia di sapere,

più spesso

sfuggi a tutto questo.

Perché sei quello ma anche altro e molto oltre.

E li freghi TUTTI.

Tu vuoi guarire per volare subito,

non per zoppicare col bastone.

E hai fretta.

25) Hai letto la storia della rosa nel libro del Piccolo Principe ???
Disegna una rosa così e dedicala per scritto sullo stesso foglio a
qualcuno. Se vuoi anche a te stessa. Se non hai ancora letto quel
libro miracoloso leggilo senz'altro..

Titolo: *Rosa rosae rosarum rosae.*

Disegno 25 -Rosa rosae rosarum rosae.

6

LE SERE DI LAGO

E mi tuffo nella sera di seta.

Ff hihnalmehnthehhhhh... !

Cucendo case a case col filo grigio della strada liscia che corre veloce sulle ruote devote.

Schiume verdi e azzurre si gonfiano sul profilo duro delle Alpi lontane.

Navigo su e giù tra le gambe serene di grandi ragazze di terra prealpina, nel collinoso vagare del lucido abbraccio al lago.

Silente l'occhio d'acqua là in fondo,

caramella lunghe luci rosa.

Si fa i fatti suoi d'argento odoroso

nelle pieghe dello spazio,

docili ombre verdi accarezzano il cuore

e mi ritrovo a respirare,

quando tutta la giornata mi stava addosso come un corpo di fango.

Una corsa veloce nelle ultime luci

e già si schianta il tuono lontano, arriva lo scherzo d'estate,

l'acqua del cielo sferza l'acqua della terra,

ricuce una natura che non sa chi oggi ha gioito o sofferto,

e a destra colora di grigio piombo i sospiri,

e a sinistra è violetto un rosa che non sa decidersi alla notte.

Torno alla mia grotta col bottino,

coi polmoni e gli occhi pieni di luce gentile,

ho salutato col respiro la mia casa che non ha tetto ne pareti, sfilettando nel ferro saltellante,

e qui ora mi ritrovo

sospesa di fronte a un quadrato di luce amica,

grata e di attonita bellezza

in un serico foulard fatto d'aria e sera.

*26) Disegna, mia cara, come sono le tue sere, o un tuo tramonto anche solo coi colori. **Titolo : il riposo del cielo.***

Disegno 26- il riposo del cielo.

7

IL MONDO MISTICO

Caro tesoro.

Sei incredibilmente vicina al mondo mistico.

Pensi che ti porterà altrove.

In alto, e senza peso.

Tu vivresti volentieri una vita ascetica.

Nutrita di spirito.

Non fosse che per quella ci vuole fede in un Altro Vero,

non in sè stessi né in uno specchio.

E tantissimo per-dono

e nessun per -forza..

Sarebbe la tua casa ideale.

Quasi tutto quello che fai, persino il male che ti fai,

lo fai perché vorresti con prendere,

comprendere Il Tutto

e tutta te stessa.

E quindi.

Avere ed essere **tutto**.

E quindi

avere potere su tutto.

Per **sopra** vivere.

Qui sotto, la vita non ha sapore o non ha quello giusto.

Meglio la Vita oltre la vita, **l'origine** in mano tua,

non questo corpo inesatto

ma

Il Corpo Mistico, Astrale.

no limits.

Estremo. Comunque. Per forza.

Sulla terra anche il corpo di cristo finisce a pezzi.

Meglio il cielo.

Meglio il ce l'ho.

Perché tu vuoi altro e l'oltre

più specificatamente, se materia ha da essere,

Che sia materia sublime.

Che sia essere sublime.

E avresti ragione. Un anelito nobile.

Ma chi arriva all'oltre,

prima ha vissuto tutto il suo qui.

Perché anche l'oltre vuole la sua Sostanza,

seppur sublimata.

Hai visto mai il ghiaccio secco trasformarsi in aria senza sciogliersi ?

Quello è' il passo dopo.

A noi tocca anche l'intermedio.

Hai una sensibilità spiccata,

sei poetica,

innamorabile,

sognatrice,

quindi

cerchi l'oltre e non altro...

Tutto è superfluo.. quanti mistici lo dicono..

Ma non lo dicono prima di aver bevuto il loro calice.

Prima di aver condiviso il pane quotidiano coi propri carnefici.

Prima di aver scalato a piedi o in ginocchio il loro golgota.

Prima di aver abbandonato la Casa del Padre..

Quale vero mistico è arrivato all'oltre senza spiccare il salto da una terra ben stabile e amata?

Siddharta, Ghandi, Cristo, Mandela, Pollock, Rotcho, Rol, madre Teresa, Socrate, Giovanna D'arco....

Se no è uno schianto sul cemento

non un volo tra i sorrisi..

A te SERVE (ti è servitore) il qui, l'adesso.

Ti manca l'appoggio per saltare in alto.

Così cercando e saltellando

rischi invece di cadere in basso o molto in basso...

Di girare in tondo per un aia piccola.

E invece di volare in alto non vai neanche avanti.

E precipiti ad ogni passo.

Faticoso.

27) *Prova a disegnare una scala a pioli. E colora di colori diversi i gradini. A fianco dei gradini scrivi delle parole a caso, poi con quelle parole componi una frase come ti viene, anche se sembra assurda. se vuoi mandamele, ne faremo una poesia.*

Titolo : da cerchio a Spirale.

Poesia 27 – da cerchio a spirale.

Là dove credi trovare salvezza, meditazione, religione, devozione, soluzione, assoluzione, dogma, la guida e il salvatore che ti porti in braccio in paradiso o ti fornisca tutte le penitenze utili a espiare le tue colpe troverai l'alibi per il tuo vuoto.

L'amore non ti insegue né ti precede

se non trova eco in te.

La materia che tu odii fa da guscio e contenitore allo spirito,

che senza questo scrigno necessario che a te fa orrore,

si perde.

Hanno sbagliato il packaging con te. O forse era una strategia..

Perché davvero forse tu non eri destinata al supermercato, o alla pagina del giornale,

ma a molto altro e oltre e di più.

Solo fai un po' di confusione, sembra..

Incarnata in questa carne,

(ahimè non è vetro, ne oro ne diamante, ne pietra, ne legno, ne acciaio ne fibra di carbonio, ne seta, ne cemento... ma proprio carne..) mh, parola un po' bruttina è vero..in francese suona meglio..

viande.. vivande, viandante,

chere, cherie,

niente di incorruttibile,

cara, ma chére,

purtroppo è misera carne corruttibile

la casa dello spirito incorruttibile..

scelta discutibile.. e distruttibile.

Non un palazzo diamanteo, ma carne viva e parlante (e dolorante su quel legno..)..

Lo spirito così ha scelto di conoscere il mondo,

Siddharta il principe lasciò per sempre il palazzo lussuoso di Suo padre per essere Buddha. San Francesco abbandonò i vestiti di seta di suo padre per essere il frate di dio che parlava agli animali e dormiva nel ghiaccio come fosse stato tra le rose.

Cristo si è lasciato inchiodare..

Non l'avessero fatto sarebbero morti poveri in un carcere ricco.

Invece sono *DIVENTATI* **IO.**

Come dio..

28) Disegna un guscio chiuso o scrivendo il tuo nome sopra allo scrigno o il tuo simbolo.

Titolo: il Tesoro.

Disegno 28 – Il Tesoro.

IL DOGMA & LA VERITA' ASSOLUTA sono il re e la regina cattivi di tutte le follie religiose .

Non c'è Verità Assoluta se non in un Momento Assoluto.

Non ci sarà assoluto prima di aver completato *del tutto*

un' e-voluzione.

La Tua Missione Sacra Sulla Terra e Dentro La Terra.

C'è.

La Verità Vera ti aspetta,

e si aspetta

che tu La crei,

e Ti crei.

Siete Insieme. **Adesso.**

E addosso.

Quello che SENTI come massima ragione e verità, ora,

non lo è SEMPRE.

Perché il tuo Sentire, al momento è drogato di dolore, di cortisolo, di neurotrasmettitori in rivolta..

A volte è il riflesso della ragione. Riflesso in uno specchio un po' ammaccato..

Un timido anticipo, una traccia, forse giusta forse un abbaglio.

A volte è miraggio o tenebra di basso rango che finge di essere luce

travestita di plastica e paillettes.

Anche la ricerca mistica, diversamente confusa tra fintume NewAge e Sacre Religioni Antiche, ha **bisogno** di partire dalla vita

per esserne sublimazione, non MAI **negazione**,

tesoro...

E non puoi sublimare te stessa come vorresti se prima fai di te stessa l'oggetto disprezzabile.

Sublimeresti disprezzo..

L'universo ha deciso di incarnarsi e di ri.partire da te con te.

E' successo. Accade.

In ogni istante, perché l'universo non ha tempo.

E' in-finito.

Come te.

Lo so che sei sincera,

nel tuo anelito GIUSTO

all' Assoluto.

Trova il primo gradino.

Se non lo fai te lo porterà IL SALVATORE..

Se non scegli tu

altri sceglieranno per te.

Come a loro conviene.

Perché l'Universo si espande anche se non sei d'accordo.

E quali insidie ti attendono,

in un percorso che con un obbiettivo confuso e giusto, che parte da mille chilometri di distanza, in direzione opposta e con gli occhi bendati, o rivolti all'indietro ?

Cieca e guidata da un ALTRO?

A volte da qualcuno più cieco di te.

Troverai tantissimi maestri, li adulerai e loro si lasceranno adulare.

Vivrai ore di deprivazione sensoriale golosamente punitive, imparerai le regole minime delle teorie vibrazionali per curarti con i fiori e le essenze, i cristalli, l'ostia, la preghiera..

Studierai le onde alfa, il sacrificio per dio,

di dio

per l'io,

il dogma che tanto ti rispecchia,

perché tu vivi di certezze assolute e le cerchi fuori dalla tua scatola, convinta che ce ne siano sia dentro che fuori,

pur che siano magiche e onnipotenti

e paghi in devozione e schiavitù ciò che sarebbe gratuito in libertà.

Speri di aprire la tua prigione,

per metterti in un altra più grande ma autorizzata,

dove più alte rigorose pareti diano confini più ampi al tuo io,

o di dissolverti ADESSO nell'infinito perfetto e non giudicante

che è il tuo unico spazio.

Non sono di questa terra.

Non sono in questa carne.

Non sono in questa famiglia.

Tesoro, non succederà.

In quello spazio indefinito, se non sai chi sei

ti perderai di più,

ma non si perderà il tuo dolore,

o al contrario nello spazio rigido di qualsiasi dogma,

presto ti sentirai più oppressa

e di nuovo solo sostituita,

non ricreata nella tua identità.

E lo saprai perché sei DANNATAMENTE intelligente.

Non puoi essere un adepta tu.

Di altri.

Dopo poco, come sempre il tuo unico capo e dogma sarai di

nuovo tu.

E sarà guerra col Salvatore da licenziare a pedate..

Forse tra 20 anni,

tu vedrai quanto strette sono queste mura che hai cercato, con le nocche ancora sanguinanti per quanti pugni hai dato al cemento armato.

La tua intelligenza non ti permette il lusso di farti fregare fino in fondo.

E prima o poi capisci che tu misuri uguale.

Anche se la prigione è più grande. E il guru parla bene..

Perché funziona per le altre??

Partono da un altro luogo.

Dalla terra,

da se stesse,

dal primo gradino.

Partono dal parto.

Cercano una vita

non una super vita.

E la costruiscono per steps che non distruggono per passare a quello dopo.

Come succede per tutti gli amori partono da un'affermazione

non da una negazione.

Non è *l'assenza* di te stessa,

la spiritualità che ti serve adesso,

a te serve il contrario.

Piccola cara,

aspetta a credere ciecamente.

Cieca-mente,

si va a sbattere.

29) C'è qualcosa che per te è Sacro? Disegnalo se vuoi. Va bene anche un simbolo o un nome **Titolo: Amore mio.**

Disegno 29 – Amore Mio

8

L'ISOLA DI CRISTALLO

C'è un'isola in mezzo al mare di Napoli,

ci si arriva nella pancia di una barca brontolona,

caldissima di sole e odore di ferro ...

Gongolando sul solletico di sale bianco e blu,

ti porta al porto ridente che luccica di casette colorate

e profuma di vento e pescherecci.

E' uno smeraldo vivace d'amore allegro,

che ti accoglie come fossi da sempre una delle sue voci.

La grande nave ti posa cigolando sulle pietre calde dell'approdo

e nel vento oleoso del porto

tu saluti con i piedi le prime pietre da sempre amiche,

veleggi e ondeggi tra i sorrisi a colori dei figli dell'isola d'incanto.

Conosci tutti,

entri ed esci da portoni e cuori, perché tutto è casa tua,

tutto per te è già aperto, sei di casa, nei profumi e nella gente,

la tua voce ti arriva come le perle di vetro di una collana
bambina, canti il canto dei saluti, di sinfonia paesana.

Scodinzoli un vestito corto e bianchissimo, tra le vetrine di
cotone di poche vie senza macchine, frementi di acquisti e
frutta,

sali e scendi sulle onde del paesino vocicchiante..

Arrivi più in basso dove la strada diventa la carezza bollente
della sabbia che ti gioca tra le dita, e va a buttarsi in mare..

lo sguardo ringrazia il grande respiro del tuo immenso amico blu
che si gratta la schiena sulla spiaggia

e rotola pigro

nel suo mormoroso andeggiare..

Sei   tra i colori del tuo pensiero, immersa nello zucchero
dell'estate.

Un saltello di un attimo dura mille anni di gioia,

non c'è confine alla luce,

guardi un orizzonte d' argento e mille altri se ne aprono davanti,

l'atmosfera irrompe nei polmoni,

risucchi il mondo intero,

trasparente pulito ed entusiasta.

E' durata un giorno, è durata una vita,

così ricordi quella visita al mare,

dove c'era tuo padre che trafficava lavoro in una casa sulla spiaggia

aspettando te.

Tu lo ricordi col più grande degli amori,

anche se quando era qui

non per una sola volta sei riuscita a non odiarlo

a non infrangerti sanguinando contro le sue follie asprissime.

Adesso è là impegnato in un lavoro che sempre accadrà,

e tu lo ami da sempre.

Ma mai lo hai saputo.

E da prima di nascere cerchi quel profumo e quella luce,

le mani quadrate sempre piene di sigarette e attrezzi

e l'odore di quella maglietta conosciuta

e di quel foulardino mai in tinta che nessuno più può indossare,

tranne che nell'eterno ricordo mai vissuto.

L'odio e il rancore ti hanno nascosto l'oceano di luce che provavi per lui.

Sei affogata in una pozzanghera, perché eri molto piccola.

Il papà che se n'era andato nel paese delle meraviglie quando ancora non esistevi, e ogni tanto tornava, distratto e stanco e arrabbiato con se stesso,

e vestiva la sua vergogna di esaltata esuberanza.

Non capivi.

E sempre lo vedevi di schiena uscire dalla porta della vostra vita,

in fondo agli occhi di menta di tua madre, rimaneva impresso uno sguardo.

Non sei mai riuscita ad abbracciare la tua origine che se ne andava.Neanche ti veniva in mente.

Non lo faceva neanche Lui che era tutto e qualcuno per voi.

119

Quanta violenza ti ha dato perché non capiva perché stavi male, quanta gliene hai data tu perché non capivi perché stava bene.

Per quei lunghissimi anni in cui ogni tanto veniva a trovarvi, spargendo il suo umore di tempesta e pianoforte.

Nulla accadde fuori.

Dentro ti spogliasti della sua carne.

Sai che lo ami in.finita.mente,

come lo spazio sul mare che ti ha lasciato lui

in una foto fatta per te

di una luna bellissima.

*30) Disegna se puoi come ti immagini un padre buono e uno cattivo. O un simbolo che li rappresenti. Poi ritagliali e incollali sullo stesso foglio. **Titolo: Mio Padre.***

Disegno 30 : Mio Padre

9

LA PARABOLA DEL TALENTO MANCANTE

Accidenti ai talenti.....

tu ne hai tantissimi, e la parabola dice che li devi mettere TUTTI a frutto.

Devi Devi Devi Devi devi devi ?

Devi rendere

Indietro ? Avanti?

... a chi ?

ma sai ....

anche il cavallo purosangue più dotato scatta senz'altro, **se** gli **danno** il segnale di partenza,

ma se ha una zampa legata,

succede che cade e se la rompe...

Sei brava, (lo sai..) , **piena** di talenti..

taglienti..

che ragazza fortunata..

brava in tutto !!

tranne che a vivere

quaggiù.

Ti circondano persone mediocri o alcune molto brave, altre completamente incapaci.

" *mediocre*", parola viscida e scivolosa... imbarazzante..quasi come la parola " *carne*"..

Tutti, però, vivono. No ?? I " mediocri "... parrebbe anche benino.. li si vede sorridere.. girare.. fare..crescere.. lavorare.. avanzare...

Non impiegano il loro tempo pensando come farsi fuori per l'orrore di se stessi.

Proprio non ci pensano.. che strano...Proprio loro ...

Chiaro , non essendo lucidi come te, non sanno di essere in quello stato, l'incoscienza li salva.

Però a volte li aiuta al punto che poi invece costruiscono, pur piccoli come sono, grandi cose.. famiglie, lavori...

Che stranezza.

Che miracolo antipatico.

Li si definiscono persone " normali " nella norma, non nella scatola, non nella gabbia.. e sembrano avere un lasciapassare di diritto all'esistenza più efficace del tuo.. compatibili con un mondo a cui sembra non facciano alcun male.. un accettazione reciproca che a te non sta addosso..

A loro non peserà, come a te, notare che

il professore, il capo, l'amica, è ignorante, stupido/a e corrotto/a e fa errori **grossolani**, che l'università è troppo teorica, che vanno in ufficio a vender macchine inutili,che la loro pancia è irriverente, che il loro marito le tradisce, che loro vorrebbero tradire lui, che lavorano senza passione, che sono manipolati dalla stampa, che votano come gli suggerisce il vicino di casa, che sono terrorizzati dal diverso e dal disagio, che la linea della caviglia non coincide con l'angolo del bacino e che il loro seno è carne appesa male.

Si lamentano

Sparlano in ufficio dei colleghi e del capo

guardano i talk show, senza nausearsi, vivono di amori in parte copiati ma realmente poi *si adattano*..

accettano, si accettano,

ubbidiscono, si conformano.

Di eclatante non fanno niente.

Se possono si fanno a volte vicendevolmente fuori, con non chalanche, perchè stanno ancora attaccati alla legge naturale della selezione molto naturale..

ma poi.

La svangano.

Senza scandalo. Camminando.

Si, beh, si,

mormorano, pettegolano, camminano magari lenti, ma a linee rette, corte o lunghe ma dritte e lungo un reticolo preesistente....

insomma..

svangano.

"mediocre" è una parola a cui si da un significato talmente negativo, quasi nauseabondo, odioso...

ma è vero ??

Pensa cosa significa:

Il mediocre non è in basso dove si soffoca e non è in alto dove senza ali si traballa, ma nel mezzo..,

significa che ha già fatto dei passi, magari pochi ma consolidati,

e si vive il suo stare nel mezzo del cammin di nostra vita...

senza imbarazzo.

Non è in cima dove vorresti essere tu,

forse ne è lontanissimo ma lui sta camminando, forse impercettibilmente ma lo fa e può proseguire ,

o meglio progredire e quindi migliorare. E- volvendo.

E' qui per quello, nella vita, intendo, nel mondo ,è qui per evolversi, come tutto e tutti, e come è giusto che sia. Ha innata e ferma l'idea che va bene così..

Forse farà SOLO passo di emancipazione dai dati di fatto in tutta la vita, ma lo farà.

Così cade meno.

Furbizia e non intelligenza, natura bassa autocautelativa , che **funziona.**

Tu invece,

che già la meta la vorresti come partenza non puoi e non sai per-correre per- arrivare

tu già,

DEVI ESSERE

al massimo,

adesso, qui ed ora,

e *l'unico luogo possibile*

deve essere

l'inferno o l'olimpo.

Nell'attesa *desertica di una meta altissima che non c' è* ci scarnifichiamo.

" quanti anni hai ? "Dice la Fata Turchina a Pinocchio..

"ma io non ho *ancora finito di nascere* fatina.. "

Pinocchio..

Conosci tante cose, ne impari sempre di più,

studi sempre, fai di più e meglio degli altri,

devi essere

magra, magrissima

e brava bravissima.

Perché hai Talento.

E il tuo INCREDIBILE TALENTO diventa una condanna.

Troppa benzina, e motore troppo performante, per vettura in pregiato marmo di Carrara o in finissimo cristallo di Boemia. Che si frantuma a ogni partenza.

Caro tesoro,

hai un cervello fine e sottile come una lama affamata.

Che ogni giorno ti tortura.

Pessimo materiale il cristallo per farne un cervello. Sublime, ma rigido e fragile. D'oro come il tocco di re Mida, che rendeva aureo e sterile tutto quello che toccava.

Poi i   mediocri,   ti supereranno.

Punizione veramente **ingiusta**, perché cattiva non sei.

Tanta umiliazione non la meriteresti davvero con tutto l'impegno che ci metti e con tuta l'intelligenza che porti nei sacchi.

Vedrai gente crescere, riprodursi, amarsi,

e tu starai a nutrire la conoscenza e la visione da dietro al vetro,

fino a che il cervello, zoloft, e ziprexa permettendo, ti sarà ancora complice nel tuo esilio intelligente.

" La scienza gonfia, l'amore edifica " caro Erasmo da Rotterdam.

Non dura per sempre, la tua onnipotenza del sapere.

Il cervello si stufa prima di te, ti molla.

Alberga a tariffe sempre più basse nel tuo cranio d'ossa come un molle imperatore viziato, che ha preso possesso di tutto il tuo spazio.

Il talento inespresso o sovraimpresso confonde la mediocrità con la misura del passo. Il passo di un bimbo è piccolo ma è gigante per lui. Va considerato DEGNO della SUA MISURA in crescita.

Tu sei partita a costruire dall'alto.

Eri già grandissima

quando gli altri erano minuscoli

ma capiterà di assistere al contrario.

Meravigliosi giardini pensili, senza fondamenta,

piccola *cara.*

I talenti rimarranno là, sospesi nella perfezione e sepolti sotto le tue immaginazioni giganti,

perché non ti dai il tempo e la passione per svilupparli.

Parto-rirli.

Sono bambini da nutrire anche loro, e tu li lasci li nel deserto perché credi siano già grandi.

Credi possano loro trainare te.

Credi siano anche loro il Salvatore..

Stanno lì sepolti, come diamanti sterili.

E tutti sanno che sono li e te ne attribuiscono onere e onore..

Ma lì rimangono. Da così tanto tempo. Che poi li dimentichi.

Ti arrabbi, perché non sono venuti a salvarti. A regalarti le ali che sai di avere.

La conosci la canzone di De André di *via del campo*? Nasce poco dai diamanti.

Li guarderai come grandi rami grigi, pieni di fiori secchi dello stesso colore, ed erano così rigogliosi quando quelli dei tuoi coetanei non erano che erbettine noiose.

Ma poi tutto cresce, tranne te che sei talentuosa, e invecchi rimanendo infante.

Cara speciale,

caro fiore eccezionale,

è la peggiore delle condanne.

Ti capisco e ti comprendo.

Vuoi provare a farlo anche tu?

L'umiltà è lo spazio grande dei santi che sono liberi e infiniti. Non assomiglia alla cantina soffocante della frustrazione.

TROVARE il passo giusto.. che gioia, che amicizia del mondo.., che alleanze, che tolleranze ! Che bel punto di partenza di gruppo e d'allegria per camminare con altri che fanno percorsi comuni.

Significa che si divertono anche, oltre a s'offrire tra pari, che amano scoprirsi crescere ogni giorno, vivendo del LORO pane quotidiano.

Attiva passione del pane quotidiano.

Ma poi vita.

E se ti scoprissi a raccogliere un fiore,

dentro di te,

un solo fiore,

quanto più importante delle querce condannate a morte, che ti sei trovata sulla testa quando eri neonata....

Quel talento più piccolo e bellissimo, l'unico che ti manca

l'umiltà inconsapevole del principiante,

il voler imparare,

il non sapere..

Non ti è concesso, *mia Regina,*

perché sei grandissima..

e tutta vuota.

Per adesso.

31) se hai voglia, leggi la parabola dei talenti del vangelo cattolico. Non so se a te piace, a me no, però parla simbolicamente dei talenti come delle monete da nascondere o far fruttare.

Prova a disegnare su un foglio una grande moneta, decidi il colore e le scritte e i simboli che ci metteresti.

Titolo : Il Segreto.

Disegno 31 – Il Segreto.

10

IL RESPIRATORE MECCANICO

"Tu sei tutta la mia vita, senza di te nulla ha più senso, senza di te non respiro più.."

traaalllalllallaàAAAhhh.

Din don dan.

Le canzoni pop di tutto il mondo, la cultur(accia) ingannevole dell' "amore" (amorucolo) comune e commerciale, ci abituano a un idea del compagno di vita, del fidanzato, dell'amore di coppia, anche del rapporto con un ideale irrinunciabile "Salvatore", più o meno analoga al concetto di un respiratore meccanico per malati terminali.

Di fatto è una follia malata per tutti, per te un po' di più.

Perché tu dipendente lo sei davvero di natura e hai la vista offuscata dal bisogno o abbagliata dall' illusione

e non c'è da scherzarci su.

Gli avvoltoi invece, la preda la vedono benissimo e da lontano.

Moltissime persone purtroppo si adattano a questo concetto di " amore "davvero malsano e impreciso, ma per te diventa davvero il Verbo Assoluto.

Questa mentalità malata nutre di nettare velenoso tutto quello che da dentro già ti è nemico.

L'innamoramento snaturato satura tutto ciò che altrimenti manca. E non solo.

Lo sostituisce con falso nome.

Io sono te. Tu sei me. *Non manco di nulla.*

Tranne che della MIA vita.

Identificazione totalitaria e annullamento nell'altro, che poi è il tuo specchio,

o nessun sentimento per nessuno. Deserto arido e senz'acqua.

Sei stata innamorata, più volte, forse lo sei adesso, e casomai, quasi sempre, non funziona.

E finisce male o troppo bene...

Anni legata a qualcuno che si sostituisce ai tuoi polmoni.

Colpa sua colpa mia, abbandoni laceranti, riprese immaginifiche, vittima e carnefice, arriva il Salvatore,

ritorno nell'abisso.

Mhm.

Ci si è messo anche Platone con la storia della mezza mela..
questa mela sempre lei.. porta una sfortuna tremenda. Frutto
proibito, promesso, dimezzato, incompleto, anelante..

Seppure di mezza mela si trattasse, si immagina una metà
piena.

E' una metà, si, ma **e'** qualcosa.

Soprattutto è una metà **di** *qualcosa*, **di un progetto.**

Non di *qualcuno.*

Deve completarsi, si, ma sa *per cosa*. Non per inventare da zero
un identità ma per ampliarla..

Completarsi non *annullarsi* .Cerca un complementare. Non un
sostituto.

Aumentarsi in un **alleanza PARITARIA**, non annientarsi in una
complicità asimmetrica.

E soprattutto vuole *perfezionare* la Sua forma, *non MAI*
cancellarla o *De-FORMARLA* per adattarsi a quella d'altri.

La mela a metà. Cerca e anela a un incontro tra due pieni, non
un incastro qualunque,

ancor meno una fagocitazione,

ancor meno una soggezione,

ancor meno una stampella..

Completamento di ciò che **già c'è,** per **onorare** ciò che **già c'è.**

Se l'altra META' diventa invece il " tutto " *il solo intero,* o il tuo involucro, o tu il suo, dopo un po' uno dei due soccombe.

Per fagocitosi e amilasi.

Guarda caso

di solito tu.

Perché di fatto che qualcuno ti assorba e ti annienti, non ti da fastidio come idea. All'inizio..

Lui è COSI' GRANDE... spazio ce n'é finalmente..

Non è vero.

Non è " colpa " tua

nè sua.

Al momento è la tua struttura funzionale.

E' deleterio e inutile il concetto di " colpa ". Il senso di colpa non ha mai salvato nessuno e sarebbe da dissolvere. Anche in questo caso. Sono Sabbie mobili.

Stanne lontana, non è li che si semina.

L'amore nel suo dare e ricevere LIBERO

non può prescindere dalla prima parte, dalla **prima** metà ,dal primo scalino o dalla **materia,**

da quello che già c'è .

E nemmeno da un amore più originario che deve **esserci** a monte, riconosciuto per quello che è e risanato in quello che ancora non è.

PRIMA DI AVVENTURARTI NELL' ALTRO

DEVI ESSERCI TU.

Se non parti da lì tutto ciò che chiami Amore , come nelle canzonette che passano migliaia di volte in radio,

è un allucinazione da **troppo sole,** anche collettiva,

un eccesso serotoninico, un rimedio farlocco all' incompletezza una dipendenza senza siringhe e pastiglie,

ma con lo stesso dolore in agguato.

Perché ciò che hai trovato finalmente riscatta e da senso a tutta la tua sofferenza e tu dipendi impropriamente in tutto da questo " salvatore " controverso, che ami e odii perché in qualche modo dopo un po' senti che Il Magnifico Lui ti dà un'identità provvisoria, a cui tu aneli come all'aria,

ma poi se la riprende..

E ti arrotoli nel bostik.

Non lo farà lui per te il lavoro che ti manca, non è un incubatrice né un bastone per la vecchiaia né una lampada magica.

Sembrerebbe una droga ma è un essere umano, accidenti..

Di carne persino !!!

La dipendenza affettiva è un male mortale che non colpisce solo te devo dire, ma chiunque si avvicini a un altro, un qualsiasi altro anche a una religione, gruppo, filosofia, credo, lavoro, senza aver completato in se stesso i fondamentali.

E quindi non incontra, si perde.

E tu lo aspetti e ti aspetti, come un respiratore per un annegato,

poi lo rin-neghi

perché senti che da qualche parte il rapporto è mancante. E che anche tu li dentro , di nuovo dentro a qualcosa sei mancante.

Sei di nuovo superiore, o inferiore,

ti fai trattare male,

poi tratti male tu.. E cerchi e trovi chi sta al gioco. NON è un bel gioco..

Era il salvatore e diventa il carnefice,

è un padre, un figlio, un amante, un padrone o un servitore

che confusione, che trappola.

E quando l'amore dovrebbe esprimersi di più, il tuo corpo non risponde, non c'è . (mica si scomoda lui, più scaltro di te, per un inganno così, casomai impari a recitare con sempre più fatica.. altra fatica...).

Alcuni simil-religiosi ti raccontano perfino che le cose non " funzionano "

a   causa   del   tuo peccato...

Perché sei impura........................

Sei purissima di assenza e trasparenza,

il peccato è che ti manca un pezzo e non è lui quel pezzo.

Abbracciando il vuoto con più forza possibile

stringi i pugni attorno alla tua disperazione,

mascherata attorno a un corpo che non ti può appartenere..

Proprio questa volta che il corpo ti piaceva così tanto

accidenti,

perché non era il tuo.

*32) Se vuoi taglia a metà una figura o una foto di un giornale di qualcosa che ti piace moltissimo. Incollala al foglio e completala con un disegno come ti viene. **Titolo: Noi Due.***

Disegno 32- Noi Due.

11

IL MIO A MARE AMORE

Salutavo il grande respiro del mare che si appoggiava bonario al mio sguardo innamorato, per un addio all'estate finita.

In ginocchio in cima al molo, lacrime agli occhi e mani sul cuore.

Si avvicinava i momento acre di tornare al cemento a quella città che ti si appiccica addosso, con le facce tutte uguali piene di nebbia e ufficio, che si accalcano nelle metropolitane al neon, odore di poliestere e di carne verdastra nell'ululare allucinante del metrò.

Salutavo quel libero amico gigante e pulito, che a spallate di schiuma, si strusciava ai miei piedi, in ripetute umide e dolci carezze. Come un mantra d'acqua .

Respiravo la sua vita immensa, seduta sulla sabbia d'argento, sempre più lucida e liscia a ogni ritorno di sale.

Camminavo svelta per arrivare alla cima del molo, un po' più dentro il mio grande mare verde e blu, vicino alla città d'oro, il mare di Venezia.

Si chiamava Porto Santa Margherita di Caorle, ma era Caorle una cittadina antica e famosa, a dare il sapore di veneto profondo alle villette di vacanza e a quell'acqua mediterranea, che ogni estate a braccia aperte riaccoglieva questa figlia delle sue onde.

Pescherecci colorati vicino alla fabbrica del ghiaccio, schiacchieravano il tempo torrido e nitido del porto storico.

Il mio mare adorato, il mio amico grande a cui giuravo fedeltà da un anno all'altro..

E solo davanti a lui, trovavo la pace la vita, il senso del sole, acqua salata che incontra acqua da consolare,

porgendo tutto il volto perché lo baciasse,

al mio a-mare amante.

Mai più ritrovai così grande respiro, come in quell'acqua senza confine, che muggendo mormorii di schiume tornava sempre a giocare ai confini dei miei polmoni, che si abitavano d'improvvisa salsedine e allegra amorevole Gratitudine d' Essere

,

davanti a Lui,

infinito

padre e madre,

E AMICO

immenso.

33) Ti piace il mare ??? Disegnalo. O disegna qualcosa che per te è grandissimo/a e amico. **Titolo: *La Mia Anima.***

Disegno 33 – la Mia Anima.

12

LA LADRA AL CITOFONO

Anche per me è stato un dolce pensiero *allo zenzero.*

Una perla nera in mezzo alla mente, come l'ostrica la forma attorno al granello di sabbia che la ferisce, come la spada nella roccia.

Ho accarezzato e nutrito per anni il pensiero che la Morte fosse un'amica, una BUONA Via d'Uscita, l'unico varco nella scatola stretta. L'unica strada utile e intelligente da percorrere al meglio per solidificare in qualche modo, le sabbie mobili che mi inghiottivano.

E passare il guado..

Dormire....

L'avete deciso voi il gioco, ma a me non piace né riesce.

Non mi interessa il viaggio, scendo dal treno.

Mi pareva ovvio, lineare, lecito.

Così la morte da tutti odiata e temuta per me aveva l'immagine di una calda coperta che unica poteva lenire tutti i miei mali per sempre.. L'alleata definitiva, la più sincera,

l'unica che mi credeva,

l'unica che mi aspettava,

l'unica che capiva.

Più efficace delle pillole, più facile del fidanzato, più sincera del dottore, più veloce del lavoro.

Una voglia pazza di imbozzolarmi per sempre in quel opaco nulla che immaginavo amico.

Ogni giorno si affacciava il pensiero alle finestre rotte che davano sul muro scuro . A volte era un pensiero fatto di corde e lame e pillole e balconi e binari tra l'erba e ricoveri ululanti in p.s.. t.s.....

Mai risolto però il problema annoso del passaggio...

Si arriva vicinissimi, vagliati e studiati mille volte tutti i metodi e gli eventuali, vissuta e rivissuta nell'immaginazione con atroce livore ogni conseguenza, ogni dopo possibile.

E mille volte, valutato tutto a mente gialla,

l'altezza del piano, il nodo della corda, la velocità del treno e la distanza dei binari

arriva il momento di saltare.

Ma le gambe non si muovono e l'abisso ti rimbalza.

Troppo lucida, troppo poco energica. Si torna indietro terrorizzati sulla ruota del criceto con la vita già quasi tutta svanita, perché dove c'è morte se ne va lei. Ma sull'orlo dell'abisso ancora sussurra con l'ultimo fiato una sola cosa :

Non lo fare. Non è lì.

Il buio che ci aspetta il prossimo secondo, è sudato e odioso.

Non sei sua.

Non è tuo amico.

É gelido e tutto consuma tranne il rimpianto.

E già da qui il si sente l'odore freddo del rimorso.

E l'aria, per poca che sia, ti mancherà e già ti manca.

E la luce per sempre.

E mille volte sei già morta restando viva.

E piangi cose vive e passate, che non ritorneranno, perché le hai negate. Ed erano vita.

Te le ha rubate Lei, che gioca con te giochi sporchi, che tu stessa hai invitato a banchettare delle tue povere cose.

Tanti anni fa, l'hai fatta salire in casa. Prometteva salvezza.

E lei si è installata abusiva e ingannatrice.   Ti lusinga e ti racconta balle.

Luce ed aria.

Sono le ultime due cose che ti restano di questa e le prime due cose della prossima vita.

La prossima vita è qui.

Ad ogni suicidio, anche solo pensato, la vita & i suoi abitanti se ne vanno davvero e non tornano.

E poi già qui, di nuovo c'è da rinascere.

Mesi e anni di fatica, ogni volta.

Però ancora lo puoi fare.

E incredibilmente

LO VUOI FARE.

Ma stavolta,

il parto e il travaglio lo deciderai tu.

Aria e luce.

E questa è la madre risposta a tutti i perché.

L'essere chiama l'essere nella sua essenza.

Tolto tutto il testo, queste due restano e bastano.

Quel bel riposo pulito e sereno in assenza di pensiero e di sè, che si è sempre sognato non arriva togliendo respiro ma respirando più profonda-mente.

La sospensione senza emozioni del non senso, della fatica e del dolore. *Una specie di culla in volo lento che tutto acquieta e livella, dove finalmente l'esistenza tace e la coscienza riposa in un balsamico oblio...*

E' una palla colossale, un inganno, una bugia, un furto.

Forse si può interrompere una vita e un percorso ma dall'esistenza non si esce.

C'è chi lo fa, è vero.

Ma non tu.

Ancora una volta troppo intelligente per farlo così.

Lo fai lentamente rimanendo viva e respirante.

E quindi c'è tempo per trovare una strada che ti piaccia di più.

Lontano da una droga del pensare che è drogata del tuo esistere

Golosa della tua vita, per brutta che sia,

invidiosa del tuo respiro, per corto che sia

invidiosa della tua luce, per debole che sia.

Dice che arriva per liberarti... non è vero.

Lo fa per chi ha già vissuto ma non per te adesso.

Lo fa, quando è il suo tempo, per il seme che ha fatto tutto il percorso sotto terra, e trasformato in piantina sbuca nel prato a vedere il cielo.

Ma non per quello che si strappa da sotto terra

prima di raggiungere la sua nuova luce.

LO SO CON CERTEZZA

E a te lo dico. Fragile seme sotterrato.

Perché io personalmente questa morte pagliaccia e volgare l'ho chiamata, coccolata, nutrita ed evocata da sempre pensando fosse una regina, un intelligente e superiore salvatrice e quindi ci ho convissuto ogni giorno per 30 anni.

Ho attivamente spianato un bel deserto sterile, là dove c'erano i semi per i giardini di frutta che non vedevo.

Non rinasce proprio nulla dove si distruggono le radici. E' la Chernobil dell'anima.

Continuamente bisogna migrare per ricominciare quando passa...

Perché la Vita è Inesorabile.

E non cesserà.

Apparteniamo inesorabilmente ed eternamente all'esistere e non c'è alcuna via d'uscita dall'infinito, tranne quella di diventare infinito, a tempo debito e grazie all'evoluzione che è qui ora,

davanti ai piedi.

Apparteniamo, da sempre e per sempre all'espansione delle galassie e l'avvicendarsi delle maree,

qualcuno da dentro ti racconta che non ti piace la cosa.

Ma non è vero.

Tu SEI il respiro delle maree e delle galassie.

Anche tu.

Hai interrotto le tue mestruazioni, sei potente ma non abbastanza da interrompere il flusso dell'esistenza, solo puoi contrarlo in un dolore e rilasciarlo in un disperderti, ma ne farai parte

comunque.

Lo avessi capito prima, la mia, di esistenza non l'avrei devastata così... Qualche grazie a chi la vita me l'aveva data, insieme ad ogni bene per loro possibile per viverla al meglio sarei riuscita a partorirlo...

Ma ho preferito un cappuccio nero in testa nel delirio del fascino della morte prete-a-poter che così bene mi convinse .

O *forse,*

non potevo

fare/pensare   altro.

Perché la morsa del dolore era troppo stretta. E qualsiasi forma di **liber'azione** sarebbe andata bene. Pur di uscirne.

La morte **non è** uscire dal male ma entrare in un male nuovo portandoci tutto il male vecchio.

E manca per sempre l'aria a un anima che grida nel deserto, senza più voce.

Tu vuoi nascere non morire.

34) disegna per favore cosa succede se dal seme parte una radice che arriva alla superficie. Che tipo di cosa nasce ? Un fiore una quercia un filo d'erba o che forma ????e che percorso fa la radice dentro alla terra per salire i superficie?dritto ? Tortuoso ? Diramato ? **Titolo: Sopra o Sotto al Prato.**

Disegno 34 – Sopra o Sotto al Prato.

13

L'UOMO GIGANTE

In tribunale , un uomo gigante,

guardava la moglie appena condannata per aver consegnato la
figlia di 3 anni a un amante, settantenne, ricco, pedofilo, che
l'ha uccisa.

Le hanno dato 18 anni di carcere, all'amante l'ergastolo. E' una
storia vera che vedevo in TV.

Lui, questo padre e marito innamorato, tradito nell'
inimmaginabile,

la guardava con quell'aria grottesca, le guance e gli occhi
tumefatti in un rossore goffo e gonfio, quasi fosse quello di un
turista sprovveduto che non si è messo la protezione 60 per un
solleone imprevisto e si è ustionato senza accorgersi distratto
dai passanti.

Un uomo buono braccato dall'orrore,

una bambina che non tornerà, la sua,strappata dalle sue braccia
da un orco sconosciuto,consegnata dalla donna che ama a un
tritacarne.

Innamorata ciecamente ha affidato ciecamente la vita intera e
acerba della loro conquista più bella,del miracolo allegro per cui

viveva, al buio abbagliante coi suoi artigli mascherati da carezze. E quello l'ha uccisa.

Tutti condannati a vita.

Chi in galera, chi fuori.

Anche lui, che non ha fatto nulla, tranne amare troppo e farsi tradire male. Orfano di figlia, per sempre incatenato al ricordo dei suoi 4 anni.

E' in piedi immobile,

ha visto tutti i video atroci che incastrano moglie e amante.

Ha seguito il processo, immaginato gli avvenimenti, ascoltato la sentenza.

Guarda dall'altra parte della sala. Verso di lei appena condannata.

La donna piange, si dispera, si dimena, si giura innocente, si proclama vittima perché non credeva, non sapeva, SI FIDAVA, **non** immaginava..Quell'uomo era un Famoso Avvocato... Una Persona Importante.. *Si è fidata...*

affidata.

Perduta.

E lui.

Quel marito.

Esce dagli spalti va verso di lei.

Si avvicina.

Le è davanti, scavalca la transenna.

Le sta di fronte, ha letto e sentito e visto tutto e capito di più.

Sa tutto. Non ci sono dubbi. La guarda un istante.

La abbraccia,

in silenzio.

Forte.

Lei gliel'ha portata a dilaniare. Lui Le porta il Perdono.

L'essere umano che spesso è infimo, in qualche caso invece a immagine e somiglianza di dio, supera dio.

Forse anche noi tutti ora leggendo, pensiamo che lui sia solo un pò stupido e molto debole.

Ma E' un Gigante.

Ha creato in quell'istante un universo nuovo, ha allargato quello delle possibilità infinite che già c'era prima.

Con un perdono impossibile, ha dato spazio a una cosa che prima non c'era.

Inedita, inumana e solo umana.

Adesso possibile, grazie a lui.

Un per.dono che ha dovuto inventare perché in natura non esiste, nella logica non esiste, nella civiltà non esiste, nella cultura non esiste.

Adesso esiste.

Ce l'ha fatta.

Ha superato il limite, amando e perdonando *oltre ogni logica*.

Senza lacci logici.

Un uomo immenso , immensamente libero.

Adulto nella mente

e bambino nel cuore.

..se non ritornerete.. *come..bambini..* che **sanno** immaginare quello che non esiste. Non entrerete mai.

Nel regno.

Della vostra mente infinita a me amica.

Nessuna logica.

L'amore è a-logico, l'amore è follia.

Come lo è la creazione.

Per questo non nasciamo tutti perfetti, tutti belli, tutti sani, tutti imbattibili, tutti santi.

Sarebbe logico, ovvio. L'universo avrebbe finito la partita.

Invece c'è il rilancio. C'è la scommessa e c'è la follia.

E c'è il perdono.

MAI LOGICO; MAI OVVIO; MAI " GIUSTO ".

SEMPRE NUOVO. SEMPRE SORPRENDENTE.

SEMPRE IMMENSO.

A seguire la logica della perfezione la creazione tutta è sbagliata.

Immensa e imperfetta fatica inutile.

Meccanismo infernale per macinare sofferenza ed errori, tutto l'universo.

Invece..

No limits, no logic, no reason.

E-volution.

Che evoluzione può avere qualcosa che è già perfetto? Un diamante, per esempio? A parte il taglio..

L'Universo è *irrazionale e perfetto* e *imperfetto e infinito,* vigono leggi eterne che si contraddicono in continuazione, e non c'è altro modo per evolvere l'infinito che creare nuovi spazi illogici e renderli logici.

Come l'amore di quell'uomo per sua moglie.

E come la tua intera esistenza.

Tu cerchi con la ragione la ragione della tua nascita.

Che infatti non c'è.

Non Ancora.

L'essere umano che perdona l'imperdonabile supera ogni natura, ogni legge, ogni matematica,ogni limite

soprattutto il *suo* limite..*nella direzione giusta.*

Un capolavoro di se stesso immenso e inedito.

Suo, non di suo padre né di dio.

Sto in ginocchio davanti a questo capolavoro, a tanta magnificente grandezza.

Ed è in ginocchio ammirato e commosso

l'Universo Intero.

35) disegna su un foglio o su più fogli con colori o forme astratte come ti immagini sia il tuo cuore. **Titolo : L'UNIVERSO**

Disegno 35 – L'Universo.

14

LA COMUNITA' FANTASTICA

Se sei border, bulimica, bipolare o anoressica, o più semplicemente un essere umano,

cerchi

disperatamente

una famiglia perché ne hai bisogno con tutto il corpo e con tutta la mente.

Che tu lo sappia o no.

Che tu già ne abbia o no, UNA buona o cattiva originaria,

tu cerchi disperatamente LA famiglia che sia la Tua.

Lo fai cercando di modificare quella che già hai, ascoltando le voci confuse dei tuoi bisogni traditi o inascoltati o non riconosciuti o cercandone una fuori già pronta, che ti accolga a braccia aperte

in cambio di.

E' normalissimo che tu lo faccia, Si chiamerebbe " gruppo di appartenenza" come ti hanno spiegato e cose così,

e non è che tu una famiglia di origine non l'abbia avuta per niente..

L'hai avuta certamente e certamente è importante per te.

Troppo importante, o troppo poco,

per esserti UTILE..

Che tu lo sappia o no.che tu la odi o la ami.

Che sia stata una reggia o un inferno.

O entrambe.

Molto spesso entrambe.

Spesso si incontrano persone che vengono da contesti davvero devastati e devastanti ma non soffrono i tuoi dolori, neanche da lontano. Qualcosa di " magico " li ha preservati, quasi da ogni male..

Tu la famiglia l'avevi e l'hai, quasi sempre ma qualche cosa non ha funzionato in un processo naturale che per i neonati o forse addirittura per i feti e gli embrioni è necessario perché le cose vadano poi più o meno bene.

Qualcosa che hanno chiamato processo edipico, ma più adeguatamente io direi, un patto comune, un' " alleanza d'intenti " tra te e i tuoi generatori...

dico proprio così, Generatori e non genitori,perché nel tuo caso il procedimento dell'essere

CONCEPITA

DECISA

SCELTA

GESTITA

FATTA

PARTORITA

CRESCIUTA

e immessa nel gioco delle perle di vetro, (*Hesse*)

a te   appare o è apparso come una sorta di arbitraria " produzione meccanica", un estrusione inappropriata, malfatta.

Una Male Fatta..

Di solito c'è un *certo accordo,* misterioso, cosmico, antico e inconscio tra chi *vuole nascere* e chi glielo permette, che ha dei riflessi non indifferenti sul tasso di successo degli sviluppi successivi..

Ti ho MESSO al mondo.. grazie mamma per avermi dato la vita..

(grande confusione peraltro di tutti, perché le mamme ovviamente non fabbricano figli, si rendono passaggio e luogo SACRO anche inconsapevolmente perché la vita del figlio si informi in loro,si auto scelga...cosa che non sempre va liscia... Questo modo di dire " ho FATTO un figlio meglio si adatterebbe ai biscotti di natale.. che al destino incredibile che chiama un' anima alla materia e alla storia..)

ma comunque ..

più o meno mamma e figlia, di solito,

si **ringraziano** *vicendevolmente* e per davvero per l'accaduto ... per l'intera vita..

che da li Parte.

In te non c'è stato questo qualcosa, si è inceppato, la radice dal seme si è attorcigliata.. o è andata in giù.

Vuole l'aria ma sta crescendo in direzione opposta.. da quella parte la via è più lunga...e sopra la testa ci sono tanti sassi...

Processo edipico saltato, burned out, ALLARME GENERALE

fermi tutti !!

black out di senso.

QUI ' E' BUUUUUUIOOOO mannaggia e tutto pesante !!!!!

ma si infatti, sei sotto terra ancora...

come chi deve nascere e come chi è già morto..

invece dov'è l'aria ?

Karma pesante..

Saltando il processo di identificazione tra madre e figlio e padre di conseguenza quindi, per sempre, o quasi per sempre, psicoanalisi o meno ..

QUELLA (stronza)

QUESTA (merda)

non è la tua famiglia,

né QUESTA casa tua...

che peccato..

Se tutto, non evolve... Se la tua malattia non farà in tempo a parlar chiaro..e a dire che sì,

HAI RAGIONE

ma..

Anche loro.....

ne hanno......

ragione & sentimento, una ditta storica....

Produce Vita ma anche Errori fantastici..

Siamo fuori tempo.

Questa cosa , ragionandoci tanto e tanto pagando da uno psicoanalista si può aggiustare in tanti anni di strenuo lavoro, come ricostruire la faccia a un ustionato grave con millimetri quadri alla volta di pelle nuova..

Ma la vera identificazione si decide nel tempo di quei nove mesi di pancia, in cui **già** ci si dovrebbe sentire nella **PROPRIA** pancia,

e nei primi mesi di vita in casa, in cui **già** ci si dovrebbe sentire nella **PROPRIA** casa.

Dopodiché

tempo scaduto.

Accidenti..

Al massimo, " facendoci pace " con tremenda fatica torneranno amici, fratelli, riconciliati educatori, perdonate brave persone.. o normali genitori se prima sono stati "la mia migliore amica" "il mio miglior nemico.."

I tuoi *generatori,* più o meno belli bravi e capaci, genitori difettosi che sono stati riparati o magari neanche,

a cui tu non hai concesso il titolo..

a volte sono persone normalissime, il che per te è grave,

senza che ci sia colpa alcuna né tua né loro.

E anzi ti trovi in un luogo dove tutti hanno ragione.

Tutti hanno ragione.

Ti ho partorito..

un atto d'istinto si dice..Un atto DISTINTO.

Di genitori veri hai bisogno però. Come dell'aria.

Identificazione rappresentazione, rassicurazione, motivazione, accordo e senso..

non ce l'hai quindi cerchi altrove.

Ovunque.

A naso o seguendo qualche indicazione stradale che ogni tanto appare tra le dune. E ne trovi a montagne di genitori in adozione.

Pare che a parte a casa tua, fuori ci sia gente fantastica in ogni dove.

UN mondo di persone diversissime tra loro.. ma comunque più brave dei tuoi...

Moltissimi sono mediocri o durissimi o troppo dolci.. ma pur sempre meglio di quelli che avevi a casa pronti..

perché questi te li sei scelta tu..

In qualche modo *sono **Opera Tua.***

Ti sei presa la briga di cercarteli e di autorizzarli.

Gruppi, amici, posto di lavoro, volontariato, comunità terapeutiche o religiose, missioni, tutto ciò che è agglomerato di persone con un intento comune per te è potenzialmente un luogo dove attuare   PER LA PRIMA VOLTA la tua nascita identitaria al mondo e a te stessa e una prima palestra di avvio e rodaggio,

con grandissime potenzialità tra l'altro,

perché sei piena di talenti (hhai)....

e grandissimi pericoli

perché sei piena di talenti (hhaiii)..

Non si tratta neanche come dicono alcuni di

Ri-nascita, rinnovamento nello Spirito, riallineamento dei chakra, riprogrammazione linguistica, rieducazione alla genitorialità , incubatrice..

Ma di nascita vera e propria.

NASCITA di qualcuno.

Embrione di te stessa,anche tu nonostante tutto parte di un universo,di un sistema integrato e mobile..

che **se** *distrugge*

lo fa per

ri-*creare.*

NECESSARIA-MENTE.

Devi vuoi e puoi ri-NASCERE.

E cerchi *i chi* e *i dove* forse più dei *perché.*

Nascere ti è necessario. Chi ti assisterà?

Perché partorirti da sola forse potresti, ma tu devi anche **concepirti..**

Un concetto ORIGINARIO sta prima dell' OGGETTO. E' prima di te, il senso di te.

Devi, vuoi e puoi essere tu a generare te stessa.

Hai sottratto questo ruolo ai genitori che secondo te ti son capitati a caso *o per errore o* per motivi sconosciuti e tra l'altro adesso poco importanti..

Ti sei distaccata da loro prima di conoscerli ma di solito si fa all'età dello sviluppo ormonale non embrionale.

La tua famiglia lamenta dolorose resistenze.. cigola, stenta, tenta di trattenerti.. si arrabbia, si offende, **non con-prende.**. ma lo possiamo capire *insieme* vero ?

Mi sembra ovvio che soffrano.. moltissimo.

S'offrono per te, cara..anche loro.. S'offrono CON te.

Comunque e ovunque.

Ma bisogna partire..

Ci sono comunità, contesti o famiglie di accoglienza magnifiche, ma tu cerchi a specchio purtroppo perché hai la torcia difettata.

La tua modalità di ricerca e di selezione ti porta ad attirare gente uguale e contraria a te e incontri spesso persone che davanti al tuo comportamento si disorientano al punto da trasformarsi facilmente in nemici dopo essere stati il massimo immaginabile degli amici..

Non è colpa né loro né tua,

è un meccanismo che fa parte   dalla struttura interna che ti muove..

un meccanismo proiettivo profondo che ti porta a trovare, cercando di riscattarti, quello che invece alla lunga ti conferma quello che già CREDI di sapere..

cioè che non c'è via di scampo possibile dalla tua marmorea

Ragione.

Cannibali di soldi,di sentimenti, di tempo, di senso,

e tu

con la dipendenza o la tendenza alla dipendenza non scherzi.

Sei Maestra in legami covalenti.

Salvatore Vittima e Carnefice, sempre la stessa persona..

STAIATTENTAESTANNELONTANA

Salvami e legami, se no muoio.

E loro lo fanno se no tu vivi. Sei tu a chiederglielo, perché di nuovo spesso non ce la fai a " inventarti da zero " da sola, chi ce la farebbe ??? In un vero nuovo processo identitario, di " concepire " da sola non sei capace, ovviamente..

e fai confusione e la fai fare anche a loro.

Gli chiedi a prestito il senso della vita ma loro possono casomai darti il loro ma difficilmente creare il tuo.

Non lo sai bene neanche tu se vuoi un utero o una tomba se vuoi nascere o sparire e loro per accontentarti fanno un po' a metà.

Dentro quei gomitoli di persone, con un nome solo..

Ideali,amore, odio, verità, dogmi e problemi che ci trovi.

Preconfezionati...

Per un po' funziona..

Cerchi come sempre il tuo salvatore lì in mezzo o lì sopra, e con loro ti senti finalmente a casa.. Troppo a casa.

Li ami, li odi,

sono " i tuoi " non lo sono,

regole, non regole..

E' pericoloso perché sei disposta a tutto per far si che quella sia la tua casa.

Anche a credere a quello in cui non credi.

Anche a non vedere più di tanto.

A credere a dei non tuoi.

Per un attimo a far tacere la tua Comandante.

E così facendo non sempre si casca bene..

E' provato che la dipendenza dalle persone scatena gli stessi meccanismi psico-biologici e patologici delle sostanze psicotrope.

" **dipendenza affettiva** "non tanto diversa da quella da eroina..

Accorgersi di essere in dipendenza, ammetterlo e liberarsene è difficilissimo e non tutte le comunità sono così pure libere e disinteressate da permetterti di entrare e uscire come vuoi, ce ne sono di tremendamente e profondamente coercitive e plagianti, che raccolgono persone come te a palate e su di loro costruiscono imperi.

NON TUTTI I GRUPPI E COMUNITA', GURU , LEADER E RESPONSABILI SONO COSI'. Ce ne sono davvero di ottime e meravigliose , guidate da persone in gamba , libere e perfettamente risolte, interessate solo a fare di tutto perché tu trovi la tua Via, che non sia necessariamente uguale alla Loro.

E come puoi immaginare

ti auguro di trovarle senz'altro.

Perle preziose.

Porti sicuri.

Questa sarebbe per te una grandissima benedizione.

Se qualcuno ti potesse insegnare la vita quotidiana, la pratica che a volte si chiama *pane quotidiano*,

e soprattutto

l'AMORE quotidiano per la vita NORMALE,

troveresti davvero un po' di casa, un po' di pace, un po' di Vita.

Ma se chiedi agli altri di *prendere* la tua vita e di *farne* quello che vogliono,

loro

lo faranno.

Embrione vulnerabile e spaventato.

Non sei l' unica sulla Terra a non sapere bene cos'è e dov'è,

l'amore che costruisce e non chiede.

Che feconda senza infettare.

Tutta l'umanità procede per tentativi, anche commoventi,

a volte goffi,

a volte assurdi,

a volte magnifici e a volte crudeli

con più o meno dolore,

verso questa evoluzione realizzante, che tu cerchi drammaticamente

e loro normalmente...

Un po' tutti in cammino, ognuno a suo modo verso il proprio

senso comune.

Che non c'è ancora per ora

Manca ancora un po'.

36) disegnati in un gruppo per favore, e crea dei colori. Poi unisci tutte le figure con delle linee nell'ordine che vuoi. E guarda da lontano che cosa ne risulta.

Titolo: la Cellula & l'Organismo.

Disegno 36 – La Cellula &l'Organismo.

15

IL SOFFITTO E IL PAVIMENTO

Si correva fortissimo verso l'uscita, nel grande androne dell'asilo, bambini, suore, maestre, scappavamo tutti vociando sotto al fragore del palazzo che crollava e le punte di soffitto che ci cadevano addosso, anche se un po' più lentamente del normale..

Mi ricordo i macigni a pezzi grossi e piccoli che arrivavano dall'alto, il terrore dei compagnetti e delle maestre, indecise se comportarsi da madri o figlie.

Mi ricordo il fiume di urla e di corse, orizzontale, e le cadute verticali del tetto decorato delle suore, coi grossi fiori di gesso e stucchi primo novecento che cadevano dall'altissimo, facevano male o si frantumavano per terra, graffiavano le braccia.

Ma tutto durò pochissimo. Forse 2 secondi..

Poi da sola,

mentre tutto il mondo correva via,

mi sono fermata.

Mi sono seduta per terra guardando in alto verso la pioggia di pietre e ho pensato di fermarle a mezz'aria, con lo sguardo.

E quelle galleggiarono cadendo, con il peso e la velocità di palloncini un po' sgonfiati.

Ma io sto sognando, sono DENTRO a un sogno. Mi dissi,

perché temere??

LO POSSO FERMARE.

LO VOGLIO CAMBIARE.

Questo è un sogno, se voglio lo posso cambiare come voglio,

lo cambio,

adesso,

sono io che sogno, sono io che lo invento.

Sono io che lo divento.

E le pietre e i massi e le macerie in picchiata sono diventati come palloncini all'elio, pietra pomice nell'acqua. Galleggiavano nell'aria. Rimbalzavano danzando, come scolaretti scoperti a fare una marachella che improvvisamente con un rimbrotto, ritornano a fare i bravi facendo finta di niente..

Innocui.

Non più minacce dall'alto, ma giocattoli per noi bambini dall'alto.

Adesso si poteva giocare con ciò che prima faceva paura.

Ma ero rimasta sola..

Avevo 4 anni e ho fatto questo sogno, e ci sono entrata e l'ho governato. Lo ricordo lucidamente in tutti i dettagli compresi colori, rumori e dolori a distanza di 41 anni. Non mi è successo altre volte.

37) Disegna, se vuoi, delle forme e oggetti che ti cadono addosso...e poi gira il foglio.. ;)) **Titolo: SottoSopra.**

Disegno 37 - SottoSopra

Ricordo un altro sogno.

Ero nel letto con mia mamma come spesso mi accadeva,mi sono svegliata sudata e coi brividi, non ci stavo bene come sempre in quel lettone, stavolta era più nero del solito.

L'armadio grande davanti al letto, un gigante minaccioso, di un verde cattivo. Il corpo di lei era di fianco come sempre, ma immobile come mai. Sentivo freddo anche se eravamo sotto coperte pesantissime,umide di brividi, dure fredde...

Non c'era respiro.

Mi accorgo che le coperte si stanno muovendo lentissime, qualcosa fuori dal letto le sta trascinando via verso il basso, un movimento lento e inesorabile al quale non posso oppormi, e io ho sempre più freddo, non c'è suono. Respiro al 10 per cento.

Mi sporgo poco con lo sguardo fuori dal letto.Scorgo un animale enorme, viscido e basso, credo un nero coccodrillo, ne vedo la bocca, con le fauci lunghe che serrano le coperte che mi guarda con occhi minuscoli e rossi mentre le trascina in basso. Nero nel nero.

Nient'altro che quella bocca arrivata dall'inferno.

E mi giro verso mia madre, per cercare aiuto, per svegliarla, vulnerabile e sola come mai.

Ma non si muove, è gelida e immobile anche lei, addormentata di un sonno lontano che non ho mai visto...

E sempre 4 anni avevo.

Ricordo che il giorno dopo si andava all'asilo, con gli altri bambini allegri ed estranei, le loro urla e giochi che già non mi appartenevano, l'odore rosa dei vestiti frettolosi delle suore, quello spaventoso della mensa fin dal mattino, la mano di mia madre che lì ogni giorno si staccava dalla mia lacerandole entrambe perché incollate. Le piastrelle lucidissime e decorate dell'altissimo androne dell'entrata, con la grande porta a vetri smerigliati , che lasciavano intravvedere forme troppo vaghe, chiuse sui giochi e sulle corse degli altri fatti di mille quadratini disgiunti

e indecifrabili.

38) Ognuno ha dei mostri che rappresentano le proprie paure,o le cose che non riusciamo a capire, tu ne hai uno in particolare ?? Disegnalo per noi, se vuoi e dagli un nome.. sarà il titolo.

Disegno 38 - ....

16

EPPURE LA VITA E' MERAVIGLIOSA

Eppure, là fuori,

la vita è una cosa meravigliosa,

quella degli altri ovviamente, te lo dice una che l' ha persa quasi tutta. Una specie di pongo multiforme con cui fare quello che vuoi (non che vogliono..). Qualcosa di *sinfonico*. Un orchestra infinita, una cattedrale gotica, una spirale all'insù..

Quando cominciai ad accettare il mio corpo mi venne in mente che forse anche i gioielli più fragili sono di solito imballati in molto polistirolo, o cotone, o bambagia o quello che è.

Sei un gioiello fragile dentro un sacchettone protettivo. L'imballaggio non ti piace per come è fatto ma tu non sai cosa c'è la dentro... Quanto sarà fragile perché ci sia bisogno di tutta questa protezione?

Infinitamente.

In finita mente. Chi mente ? Chi racconta solo che è tutto fatica?

In finito corpo, anima infinita.

Forse sei polvere finissima di troppi pensieri. Sabbia sublime di memorie antichissime mista a ordinaria materia da costruzioni..

Siamo qui in-seme nell'abbraccio del finito, l'infinito, per ora, sta umilmente in disparte..

La vita, al momento, quella dove per ottenere le cose bisogna costruirle, è meravigliosa,

l'Altra **per adesso** è un illusione o uno sballo momentaneo.

Una grossa fregatura....

Certo però la vita è bella quando però la costruzione e il costruire, il camminare..

sono un esperienza corale, affettuosa, colorata ed entusiasta, non quando serve solo a respirare nuove spine lunghissime piantate tra i ventricoli.

CRIBBIO.

La vita,te lo dice una che l'ha odiata, è meravigliosa solo **oltre** le coltri. OLTRE le mura.. così vere..

Tu non la vedi, perché sei nell'imballaggio che odii, *non* perché odii la vita.

E perché per gli altri, tutti gli strati protettivi dei loro umori e sentimenti sono più trasparenti dei tuoi...

Per te sono opachi quasi completamente.

Al primo malumore (primo di una lunga serie), non vedi più nulla e cali in un buio che per gli altri è una pioggerella.

Anche loro sono o si sentono intrappolati in tante cose

ma in trasparenza o in lontananza

vedono l'amore per la vita oltre ogni cosa,

lo **sentono** come il seme che sente il sole

anche da sotto terra.

Invece tu,

fragilissima, ineffabile e assoluta chiusa nel pacchetto di gommapiuma ben sigillato,

non ricordi ciò che ancora non sai.

Ovvio che sei buia.. sei in cantina e fatta di cristallo , materia sublime..Ti tocca stare imballata...

La luce in natura attiva la fotosintesi clorofilliana... che genera *zucchero, ossigeno e colore.... QUANTO NE HAI BISOGNO..*

Hai coperto il pre-incipit con uno strato spessissimo di disperazione e non vedi null'altro. Assomigli a una ghiandola pituitaria a digiuno (fotosintesi..) in un guscio nucleare.

Ti sei così fatta l'idea granitica che vivere faccia paura e in effetti in certe condizioni, anche nelle tue,

lo fa.

Non vedi i traguardi veri, ne immagini di favolosi, troppo favolosi, e sempre finti, quindi inutili da conquistare e ti annoi nel gomitolo di pensieri che proteggono e soffocano contemporaneamente...

Non puoi vedere, da lì dentro, le scuole di musica che sono di fianco a te, gli insegnanti di canto, di pittura, il mare, lo sport, la montagna, gli amici, i colori delle persone, i profumi dei sentimenti, la bellezza della fatica di costruirsi le passioni che tutti hanno,

quasi tutti.

Soprattutto

NON CONOSCI

la Bellezza della FATICA di **costruire perchè ci SIA** quello che **non c'è**, anche sbagliando.

SBAGLIARE E' UNA GRANDE OPPORTUNITA'...

Vedrai tutto QUESTO **presente** solo dal **futuro** quando sarà **passato**..Rimpiangendolo.

Tu ti " senti " adulta, ti " senti " un aspirante alla bellezza per diritto, ti " senti " attrice, quello che vorresti essere, concepisci bene **la perfezione**

ma non hai alcuna idea **di come si arriva da qui a lì,**

da dove ti aspetta il tuo io affamato di te.

Saresti interessata a lavorare per raggiungerlo AMANDO IL PERCORSO fatto di mattoni tutti uguali, magari noiosi per costruire la " grande opera ??" La grande opera che ha il tuo nome ?

Saresti disposta a provare, a considerare di fare questo **percorso accidentato,**

improbabile,

contorto,

imprevedibile,

sublime e mediocre

che si chiama vita ?

DIVERTENDOTI / DISPERANDOTI/ AMANDO/ PERDONANDO

ANCHE GLI ERRORI E LE *IMPERFEZIONI* **CONNATURALI** AL PERCORSO E A TE STESSA?   (*La Cura – Battiato, ascolta ANCORA questa canzone..*) che **comunque** per diventare quello che SEI, sono

inevitabili ?

Forse non ancora.

Troppa paura

Troppo giudizio

Troppo buio.

Non si sa da che parte andare, in questo meraviglioso luna-park.

SENZA ERRORI NON C'E' IMPRESA.

NON C'E' MIGLIOR MAESTRO DI UN ERRORE, L'UNICO CHE SA INVENTARE UNA VIA NUOVA.

NON C'E' ARTISTA MAGGIORE DELL'IMPERFEZIONE, CHE TI OBBLIGA A CREARE UN NUOVO PEZZO DI ESISTENZA..

quello mancante.

Il regalo dell' Errore..

Senza ERRORI Starai ferma e impacchettata al sicuro nella scatola.

Sognando California.

Tesoro,

come ti capisco..

Tu vere passioni esterne alla tua scatola non ne hai.

Non hai sviluppato le malizie e le esperienze dei cuccioli.

Esci di lì a mani vuote senza armi e strategie in un mondo corrosivo.

Ma è l'unico mondo che hai.

Tutta assorbita dal coperchio non vedi mai cosa c'è davvero nella pentola, se per caso ci caschi dentro la divori perchè ti senti annegare, pentola e contenuto....

Come ti auguro di non vedere sempre e solo troppo tardi quello che

NON PER COLPA TUA

perdi tutti i giorni.....

Esistono persone buone che hai di fianco ORA,

esistono cose belle che hai di fianco ORA,

esistono occasioni che hai di fianco ORA,

a portata di mano..

ORA PRO NOBIS..

potresti cambiare

ADESSO

TUTTE le prospettive .

(è un condizionale e manca la condizione, *ma se ci fosse potresti*..) **se tu fossi** in *collegamento* con **te stessa..**

Se tu non avessi Paura e Rabbia a preservarti da ogni male..

Ci sono persone che hanno voglia di ascoltarti, hanno voglia di te, di scoprire cosa c'è dentro e dietro quella coperta di grasso e ossa e fastidio per te stessa, dentro ai quali sei custodita, perfettamente incompiuta,

piccolo, grandissimo tesoro fragile.

Ci sono cose che hai ancora voglia di fare TU. Persone che hai ancora voglia di incontrare TU. Ci sono i colori e l'aria e i cieli che vuoi ancora respirare TU.

Se muori adesso ogni passo non li vedrai mai.

Non ti interessano ?

Non è vero.

Non ascoltare il tuo cervello.

A te INTERESSA LA VITA e Non lo sai.

Se solo tu riuscissi a sfibrare una sola maglia di quella coperta, e filo dopo filo potessi tu sentire la luce per farla entrare e uscire, non solo sotto forma di zuccheri, succedesse anche tra 20 anni sarebbe una cosa immaginifica, straordinaria....

Apriti sesamo.. trova la parola,

la faticosissima parola non magica.

Il tuo nome segreto.

Chi-ama-ti.

Tu

puoi

se vuoi

per

donare

quello

che è stato fatto

quello

che

hai fatto

o no.

L'Universo ti ha creata "male "perchè **NON E'** *PERFETTO...*

perdonalo, aiutalo. Lo aspetti da sempre, lui aspetta te...

Anche lui come te. **E' un grande incompiuto...** sinfonico e dissonante.

Non è AFFATTO onnipotente e fa tanti errori..

Come te.. in-perfetto..

Dietro a quel muro opaco e altissimo che si chiama perdono ci sono i tuoi prati verdi..

C'è una genia di razza nuova,

inedita

che non c'è ancora,

e di cui l'universo **ha bisogno.**

E' la tua.

17

LA GIGANTESSA

Si domandava perché tutti guardassero il suo bambino che lei trovava così bello con quell'espressione di orrore misto a pietà che nessuno riusciva davvero a nascondere.

Il bimbo era nato con una delle malattie più difficili da gestire, anzi, di fatto se non ci fossero i bambini che nascono con l'ittiosi arlecchinoide , neanche si potrebbe immaginare una svista di creazione così beffarda e spropositata...

Ma la cara natura matrigna ha risorse inesauribili, purtroppo in tutte le direzioni dalla meraviglia all'orrore.

In natura però, un cucciolo così, ma anche solo uno che non digerisce i carboidrati o non ci vede bene morirebbe in poco tempo.

La Natura Matrix risolve i propri errori rapidamente. Non ci ragiona su.. sa già.

Logica-mente. Utilitaristicamente.

Come faresti volentieri anche tu, funziona a dogmi e leggi quasi fisse. A volte meravigliose, a volte no.

Invece l'umano non segue SEMPRE la logica.

Se vuole

la supera.

Che logica c'è in una madre che vede bello un bimbo che nasce con la pelle a squame, così spesse e dure da spaccarsi più volte al giorno se non lo si riempie di crema, con gli occhi così compressi dalle placche cheratiniche da spararsi all'infuori come due bolle rosse, malato per sempre ?

Questa madre, gigante e soavissima,

che ama così tanto il suo bambino, *un angelo che le è nato dentro e le vive accanto..*

e quindi *VEDE* oltre la pelle, oltre ogni immaginabile schermo,

oltre la pelle ..oltre la coltre.. **un ESSERE da Amare sopra tutto**

con ogni sorriso e ogni lacrima e ogni fibra muscolare,

e ancor più miracolosamente ha raggiunto col suo innamoramento folle il cuoricino imprigionato in un corpo-non corpo..

e ne ha ricevuto

risposta..

un sorriso tenerissimo nella pelle di pietra..

Il Figlio dentro la pelle nemica Sa rispondere all'amore moltiplicandolo.

Dal piccolo martoriato viso nella pelle di pietra.. luce fino a illuminare altri soli..

Sono Soli e Infiniti al centro di un universo in silenzio, che li guarda in ginocchio..estasiato

Attonito di tanto Osare.

Oltre le colonne d'Ercole della logica perfezione, esploratori eroici dell'amore ignoto e perfettibile. Oltre ogni confine, non più divino, ma solo umano.

Hanno inventato un amore nuovo.

Gratuito.

Il ragazzo cresce tra dolori terribili e pratiche assurde quotidiane obbligatorie per sopravvivere alla sua pelle,

nell'entusiasmo nella gratitudine nella con-passione

per la sua esistenza..

E questo bimbo è in grado di accettare la vita e di amarla per come gli è data, al punto che vive ben oltre ogni miope previsione medica. Doveva morire tra atroci sofferenze massimo a 12 anni. Ne ha 24 e sorride.

E' un Maestro.

E quella madre ben curata, ne parla e lo guarda con gli occhi innamorati..da sempre

Nello stesso video, l'ho visto correre entusiasta verso il mare, con gli amici, per avere un attimo di gioia normale, e sperimentare l'acqua salata del grande amico, sapendo che la sua pelle forse non lo potrebbe tollerare, e quella corsa entusiasta verso il mare potrebbe essergli fatale per il sale e aprirgli nel corpo innumerevoli ferite..

Lo sa, benissimo e corre senza freni, con un sorriso sovrannaturale ad abbracciare un pezzo di vita in più..

Sapendo che a lui ne sarà data pochissima.

Guardavo il video respirando poco, con le lacrime lente a goccioloni che mi cadevano sulla tastiera, il cuore gonfio come una trappola troppo piena di sidro bollente ...

Capendo per la prima volta in modo così acuminato il significato della parola

madre.

L'essere umano supera la natura.

Stiamo in ginocchio con gli occhi spalancati, davanti ai miracoli che inventa questa fragile creatura improbabile che si chiama essere umano,

inafferrabili come i confini assenti dell'universo che rendono l'universo infinito più infinito.

Prova a cercare su youtube, qualche video di bambini ragazzi con l'ittiosi arlecchino, o con la progeria, come quelli di Adelia Rose, un fiorellino famoso..

<u>Non ASSOLUTAMENTE NON</u>

perché tu faccia paragoni tra te e loro su chi è più bravo a vivere.

Ma perché tu *veda* il motivo per cui ridono e per cui esistono.

La vita umana così imperlata di orrori ugualmente è intrisa di miracoli.

Ti auguro di essere uno di questi.

39) Cerca il video, o se non lo trovi guardane altri sull'argomento (Ittiosi arlecchinoide e progeria) Scrivi una lettera a questi bambini, a Adelia Rose, o a un altro e poi se vuoi mandamene una copia.

Titolo : una lettera a me stessa.

39) Una lettera a me stessa.

18

IL SOGNO DI SILICONE

L'essere umano da sempre indossa maschere.

Maschere fisiche oltre a quelle sociali di cui parla il grandioso Pirandello nella più famosa delle sue commedie ..

Le maschere sono uno stratagemma rituale o quotidiano fatte per modificare, nascondere o anche esprimere una sola o molte delle identità nascoste o vere che ognuno ha,

invocare spiriti, astrarsi dalla realtà o calarsi in mondi altri, con i quali comunicare in momenti limitati (il rito) o per sopravvivere alla realtà in momenti estesi.

Le maschere però si indossano e si levano. Al bisogno.

Se però il bisogno è costante ed è nascondersi invece che esprimersi, la maschera vivrà una vita propria al posto di chi la porta.

Una corazza contro se stessi, contro il tempo e lo specchio , che si indossa per sempre

sottopelle.

Maschera cronica.

Tutta la vita è un occasione rituale ogni giorno celebra qualcosa,

e il rito prevede spesso il sacrificio di qualcosa o di qualcuno sull'altare affollato del compiacimento sociale.

Anche un banale aperitivo delle 6 è un rito da svolgere bene e senza errori.. (abito gusto, pettinatura giusta, tono di voce giusto, argomento giusto, lavoro giusto, amica giusta, fidanzato giusto, peso giusto secondo quello che dicono le riviste..)

Ma la scrittura del corpo è una scrittura sacra che non andrebbe distorta, con le sue lettere di rughe e segni e colori che raccontano il valore aggiunto di chi abita qui sul pianeta da più tempo, in qualsiasi modo lo faccia o lo abbia fatto.

Invecchiare è un diritto acquisito, una priorità raggiunta e blasfemia il mascherarlo.

Il mondo merita di leggere questo pezzettino di storia che appartiene anche a lui.

E lo meriti tu.

La tentazione dello " splendido splendente, con un bisturi tagliente".. (Donatella Rettore anni 80..) o di un silicone che puntelli una guancia e una certezza che crolla... è gomma sterile su vita fragile.

Tuo figlio da grande non conoscerà mai il volto di sua madre se lo deformi da sotto con delle protesi di faccia. Non potrà riconoscere una parte grande della storia a cui appartiene, perché c'è una de-forma di gomma sottopelle che gliela tiene " in forma" come fosse una scarpa vecchia.

Un uomo che si riposa accanto a una donna imbottita di bottiglie vuote, non abbraccia più la moglie, l'amante o la compagna, ma una percentuale di persona & silicone, artificio di struttura. E di sostanza.

Facile capire che cercherà presto altrove qualcosa di vivo.

Inutile dire , che se si ventila l'ipotesi di una maschera di silicone modellato, non meno insidiose sono quelle dell'identità del com-portamento.

Ecco quindi

la **Bravissima Studentessa,**

la **Figlia Modello,**

la **Figlia Ribelle,**

l'**Amante Focosa**

la **Vegana Consapevole,**

la **Devota di Osho,**

l'**Illuminata,**

la **Dura e Pura,**

la **Veramente Dedita agli Altri,**

la **Brillantissima,**

ecc ecc.

Quando qualcuno se ne accorge ti dice generalmente, dopo una svanita fascinazione che sei falsa e bugiarda, narcisa e vanitosa,

magari perché no.. superficiale ed egoista.

Dice che te lo dice per scuoterti, e infatti ti scuote e ti percuote.E tu lasci fare perché ti senti colpevole.

Però tu se ti togli di addosso quell'identità che ti criticano.. poi hai molto freddo.. E facilmente crolli.

Una maschera piccola.. che tu metti in scena per conquistare spazi e che invece te li toglie..e che ti sostiene da fuori..come un involucro rigido per acque agitate..Un tutore per anime rotte.

Ci credevi anche tu.

Ma il carnefice che tu trattavi da vittima ti ha sgamata, travestito da salvatore..

Falsa e bugiarda...

Non è vero.

Tu stai faticosamente cercando un involucro per proteggere qualcosa di indefinito che ancora non conosci per non disperderti al vento che ti attraversa da dentro e ti attanaglia da fuori.

Inventi come puoi una pelle che non hai.

La copi come riesci dai film e dai giornali di moda. Dove la gente è al sicuro..

Perché i giornali a ogni pagina ti dicono come devi essere e come non sei.

E' più che ovvio e lecito che momentaneamente tu ti costruisca un identità vincente per sopravvivere un pò.

Il problema è che ci credi anche tu e ti dimentichi che di fatto si tratta di una vernice talmente mal appicicata a un supporto sdrucciolo che anche per te è troppo faticoso reggere a lungo in quei panni,

non tuoi.

E' una maschera fagocitante sempre affamata di conferme, sempre terrorizzata dal possibile imminente crollo, costosissima da mantenere..

E quindi,

buccia dopo buccia, analisi dopo analisi,

togli di qui e rimaneggi di lì,

sfogli tutta la rosa o la cipolla..

E al centro cosa rimane ?

Dovrebbe esserci la *voglia di vivere* e l'*amore per la vita?*

Oppure?

40) Disegna, per favore, tanti cerchi concentrici, dal più grande al più piccolo. Al centro lascia uno spazio vuoto e coloralo o disegnaci un simbolo.

Titolo: la Fortezza.

Disegno 40 – La Fortezza

19

IL TUO MIGLIORE AMICO

Cara, carismatica, adorata piccola amica.. Sei ancora **piccola per fortuna**,

Chi è piccolo può diventare grande, almeno un **po'** più grande.

Sei intrisa di depressione e la curi giustamente, a feroci tentativi, psicoterapie, analisi,pillole, fiori di Bach, meditazione, di tutto.

Ok, giusto, si fa. Ci si occupa di combattere il *SINTOMO.*

Siamo sicuri però che depressione e panico e quaunque tuo sintomo non abbiano qualcosa di serio da dirti prima di andarsene ?? O non siano li PROPRIO perché ci sia qualcosa che ti devono dare prima di andare o trasformarsi in altro ?

Credo che rimarranno lì immuni a ogni tentato sfratto fino a che non avrai capito cosa ti devono dire..e lasciarti il loro regalo. E compiere la loro MISSIONE.

Qualcosa di così serio, intimo e profondo che nella confusione generale che metti in piedi tutti i giorni, né tu né le persone che ti stanno vicine, anche quelle che hanno le migliori intenzioni e capacità, sono stati fin'ora in grado di riconoscere.

Tanto meno tu, che sei assordata da rabbia, colpa, e confusione.

Siamo sicuri che panico e la depressione e ogni resto siano soprattutto da reprimere e contenere e non, *più attentamente*

da ASCOLTARE ??

Ci vuole coraggio per **ascoltare** *e non solo sentire,* perché il messaggio potrebbe essere **RIVOLUZIONARIO.**

Ascolta.

Ascolta.

Ascoltati. Ascoltali.

Abbassa come puoi, se puoi, il volume delle altre voci.

Della paura , delle rabbie , del lamento, e del voler volere, della fretta, della delusione, della frustrazione, del rimorso, della colpa, dell'invidia, del ricordo..

Ascolta solo il Tuo

S'Offrire.

Nessun altra voce.

Neanche quelle che pensi vengano da te. **Perché non vengono da Te.** Sono cortisolo andato a male.

Tu sai che io credo

che **tu**

abbia ragione.

Tu sei triste per davvero per qualcosa di sacrosanto.

Voce di uno che grida nel deserto.

E non vuoi morire, vuoi una vita a cui hai diritto.

E *ti senti* depressa perché invece davvero la tua vita è arida, difficile, dolorosa e questo

non e'.

Giusto.

La tua depressione, il tuo panico, Maestri che parlano un linguaggio perduto, te lo dicono in continuazione.

E a volte ti dicono anche cosa fare per rinascere.

Ma è talmente costoso il passo che ti suggeriscono, che la tua mente non ti traduce il messaggio se non in altro linguaggio di rabbia e dolore.

Ha un filtro malato, un traduttore impazzito.

Possono passare anche 30 anni prima che tu ti accorga che l'indicazione della strada da prendere era scritta e urlata in te *da sempre*.

Apri il coraggio, per ascoltarla prima.

A volte significa invertire TUTTE le rotte di navigazione. TUTTE le marce di guida.

Che sono rotte e marce...

E' URGENTE che tu colga il messaggio.

Stai ascoltando la radio sul canale sbagliato.

Vorresti provare a USARE il tuo panico ? La tua noia? La tua tristezza?

Tu cerchi il sole non una cantina umida. Chi non sarebbe triste là sotto.?

Il sintomo ti grida che c'è anche e ancora un sopra, che se non ci fosse e non fosse tuo non ti mancherebbe.

Te lo ricorda con la nostalgia viola che ti evoca.

Quindi.

Il dolore HA RAGIONE.

LA TUA VITA E' DA CAMBIARE.

E' URGENTE che tu ti tolga da la sotto .

Il Tetto senza fondamenta CROLLERA'.. Lazzaro.... Alzati e cammina !

e CAMMINA e cammina e cammina e cammina e cammina...

Ma non succederà solo perché lo sai o lo hai capito.

Amare il percorso

INVOCARLO

divertirti a percorrerlo.

E' il CAMMINO che rende degno ogni TRAGUARDO.

Sei scompensata in serotonina, ghiandola pituitaria e ipotalamo, quindi ti manca il piacere nel fare Le cose. Tutto noia tranne lo sballo.

Ti hanno condizionato culturalmente a preferire il DEVO ESSERE al VOGLIO FARE.

Non i tuoi genitori, ma l'intero secolo ti ha condizionato, perchè le tue antenne sono più alte e sottili.. talenti...

Sei disorientata e tanto stanca.

Un po' perché vivi a caso e ti impegni tantissimo in un sacco di cose che non ti servono e hai così imparato che agire è fondamentalmente inutile perché i premi sono ingannevoli. *Solo vale la pena dimagrire, arrabbiarsi, soffrire, mangiare e sputare.* Tutta roba che si può fare da fermi. Su un tapirulan ossessivo che simuli il movimento. In una confusione di nascita, morte, urla, altoparlanti, specchi deformi, volumi troppo alti o troppo bassi, il panico che senti o la depressione che ti abbatte, si confondono col resto.

Invece sono IL SEGNO VERO, forse il più autentico significativo e inequivocabile

che tu la vita Vita invece

la Vuoi. Ti manca. La cerchi.

Ti cerca.

Ok,sei border, hai la serotonina bassa, il contesto in cui sei nata non va bene e se va bene hai saltato un procedimento fondamentale e non puoi crescere più ma solo disperarti.

Una palma in un vasetto di violette..

Ma se fosse solo così, non sentiresti più male.

I bonsai una volta rassegnati alla crudeltà umana, ricominciano a fare frutta e foglie anche loro..

Conoscevo qualcuno che ha terminato con lode la facoltà di astrofisica, tra sofferenze atroci, per scoprire dopo, quando già da tutto il mondo gli offrivano lavori incredibili che voleva fare il poeta e in nessun modo l'astrofisico.

E non ha più avuto scampo.

Corroso da troppi anni di fatica inutile.

Conosco chi ha imparato perfettamente il tedesco e altre 5 lingue torturandosi sui verbi perché era compito più difficile che fare un corso d'arte divertendosi sui colori, e non ha mai più usato le lingue, né mai più imparato l'arte.. Di quel tedesco appreso legandosi al tavolo rimase qualche discorso lusingato del papà e mai neanche una sola ora di vita...

Conosco chi porta avanti relazioni strettissime, " ottimi matrimoni" in cui per 30 anni non si vive un minuto di sincerità, rassegnati a dire " ma noi dormiamo in due parti della casa diverse, per fortuna è grande...

Ce la faresti a immaginare che forse, *FORSE* le convinzioni che hai e la strada che **credi** di aver scelto, benchè ***giustissime*** non ti appartengono ?? E quindi la tua anima strepita?

Ma dove stai andando esattamente ?? Quel traguardo sei davvero tu ?

O quello che qualcun' altro ti ha detto di essere ?

Con le migliori intenzioni, certo.

Però non servono le intenzioni migliori.

Servono quelle giuste.

Un attore di Hollywood depresso non è meglio di un infermiere felice.. e viceversa..

Hai uno psicoterapeuta o un analista a fianco che valuti con te questa cosa, disposto a rimescolare qualsiasi carta, o a volte a cambiare il mazzo, casomai sé stesso compreso??

Guarda che spesso non se ne accorgono nemmeno loro. Ti aiutano a motivarti su una via, quando la via è da cambiare in toto, spesso perché loro stessi soffrono della stessa cosa, *fanno i terapeuti e non sono* terapeutici, perché un giorno tentarono quella strada per curare sé stessi e non sempre chi non ha vissuto la tua vita la vede davvero solo perché ha studiato tanto e costa caro.

Non si impara sui libri come accendere un cuore.

Bisogna avere cuore acceso.

E' la tua la vita quella che stai vivendo ?

E' la tua scuola ?

E' il tuo ragazzo ?

E' la città che preferisci ?

Certo che banalità!! Cambia vita e cambierai tu, grazie!!

In base a cosa e **verso dove** ??

Come puoi trovare in cosa rispecchiarti quando tu stessa sei immersa negli specchi che rispecchiano un nucleo che non si è formato ?? Una sorta di nulla solido, peraltro troppo solido ??

Lo so, **compito ardito** ma prova a immaginarlo.

Stai studiando cose ottime ma stai male,

hai un fidanzato a cui sei attaccatissima ma stai male,

ti stai impegnando in una serie di battaglie importanti ma stai male,

credi in dio ma stai male,

stai affrontando un progetto importante ma stai male,

fai e ricerchi ogni sorta di terapia e terapeutama stai male.

Vivi in un ambiente conosciuto e famigliare ma ti senti estranea a tutto e tutti..

Sono cose che hai scelto cercato e nutrito o ti sono " capitate ",

" re- capitate" come tu sei " capitata" nella tua famiglia e sul Pianeta Terra?

E se hai *scelto tu*.. Sicura che non si trattasse di scelte suggerite?

223

Da chi ? Per chi?

Non c'è " qualcosa ", qualcosa che ti piacerebbe fare o essere di altro? E di DIVERSO? In un luogo, anche solo della mente, diverso da quello dove torni tutti i giorni??

e mille catene stringono la presa...

NON ASCOLTARE LA VOCE DELLE CATENE..

Saresti disposta a impiegare quell'enormità di energie che stai impiegando per una vita che non ti piace per *provare* a fare qualcosa, almeno a cercare qualcosa

che *semplicemente* ti piaccia??

Cercando *prima* di capire *cosa ti piace*..Che ti piaccia tantissimo

Che non sia palestra dieta cibo e il tuo fidanzato che ti ha lasciato.

*Trova l'inedito. Inventa lo Scoop..*Credi che non ti sia permesso?

Quello che non ti è permesso è vivere la vita di un' altra persona.

Tutto il resto di te, è per te.

Solo lo è un po' meno ogni minuto che passa.

Ma i minuti sono infiniti.

Sogni di essere bellissima e non lo sei, quello era il lasciapassare che volevi per il permesso a vivere, i documenti alla frontiera, non ce l'hai.

C'è da scavalcare, ingannare I Guardiani. Saresti disposta a provare lo stesso ??

Una scommessa,

per inventare una bellezza che non c'è. MA SI PUO' INVENTARE.

Perché qui davvero non si tratta di un " anche tu"

ma di un " solo tu " puoi inventarla.

Se lo fanno gli altri sarà il destino di altri. Come quello delle foto sui giornali.

Fossi stata bellissima o fortissima come volevi tu, come vorresti tu, cosa faresti? L'attrice? La cantante? La manager? La pittrice ?? Faresti la campionessa sportiva ? La velina? Ti piacciono gli animali ? I colori ? I numeri ? le stelle ? Studia quello ! Vai li.

Dove ti stai aspettando. A cuore aperto.

Se fossi onnipotente da adesso, cosa faresti, come vorresti??

Sei bloccata perché pensi al risultato finale che è impossibile e lontanissimo per davvero.

Ma **il *primo passo*** del percorso, non lo è.

E' dentro ai tuoi piedi.

Ti hanno detto tutti che l'invidia è un peccato orribile.

Io credo che per te sia invece **un indizio formidabile,** forse in questo momento l'unico che hai.

Seguila, fatti indicare cosa ti manca e impara dal percorso che hanno fatto le persone che ora invidi. Non sono nate così. Ci sono arrivate.

Molte bellissime che pensavano bastasse quello, sono morte prima di godere davvero di una sola carezza sincera.

La tua invidia non è un peccato ma forse l'unico modo che hai per intravedere nell'opacità delle tue trasparenze otturate qualche cosa di te stessa.

A *loro* non invidi la LORO vita, **ma i riflessi della tua** che a te non è *(ancora)* concessa perché c'è di mezzo

il percorso.

Che ti terrorizza.

Sono pezzettini di te a cui aspiri clamorosamente che vedi negli altri.

Quell'invidia accesa, lancinante che senti **è nostalgia**

di te stessa.

Guardale bene, benissimo e da vicino le persone che ti fanno invidia, chiama la tua invidia curiosità per imparare,guarda cosa fanno, cosa hanno fatto per arrivare lì dove vorresti essere tu.

Perché non sono cose loro che guardi dalla finestra digrignando i denti, **sono le tue.**

La differenza è che loro hanno visto e intrapreso senza troppa paura e in tempo una strada per svilupparle, e tu no,

quindi sei un potenziale e non una realizzazione.

Ok,

tremenda condizione, ti capisco,

ma può darsi che tu sia in tempo.

Prova a raccogliere i pezzettini dello specchio rotto,

che hai sparato sul mondo con una nascita big-bang malriuscita.

(per colpa di ? E CHISSENEFREGA !!)

Molla la zavorra di pensare cosa è successo, che non serve,

e pensa a cosa succederà e sta succedendo, che ti serve.

Adesso.

Mentre leggi e disegni questa cosa.

Quello che vedi e aneli negli altri e che spasmodicamente ti fa male, perchè ti manca,

sei tu.

41) cara, disegna a casaccio o in ordine, un po' di cose o un sola cosa che negli ultimi tempi hai tanto invidiato agli altri o visto sui giornali. O ritagliale dalle riviste e incollale insieme su un foglio . Firma il foglio per favore.

Titolo : l'Oro.

Disegno 41 – L'Oro.

20

LA PAROLACCIA

"E' COLPA di" è la firma malefica del triangolo malefico.

COLPEVOLE DI. una parolaccia inutile.

Non mi hai salvato, *è colpa tua,* non sei felice *è colpa tua, sua, loro, MIA.*

Mi hai fatto male, è colpa tua – mia,

Mi hai salvato ma non sono stata brava a farmi salvare è colpa mia.

Ti ho fatto male è colpa tua – mia.

Mi son fatta far del male, colpa mia-tua-sua.

Non so chi sono, *ma so che sono* **in - colpa.**

Vittima Carnefice Salvatore che non ha salvato, dio compreso.

Colpi a raffica, colpe a catena.

E il giudice che accusa e assolve chi sarà ? Chi salverà?

Dal Peccato Originale o molto banale..

Colpa di essere nati, vivi, viventi.

Colpa di non essere felici,

Colpa di non amare abbastanza o troppo.

Sempre in qualche modo colpevole un po' più degli altri, ti arrabatti per non esserlo.

Ma di colpa in te non c'è traccia **è una menzogna.**

E capitomboli parecchio nella smania disperata di ottenere innocenza da un peccato inesistente.

Sei giudicatissima, a partire da come appari

e giudichi tantissimo, a partire da come vedi con i tuoi occhi opachi.

C'era una certa stramaledettissima mela che ha innestato tutto un processo COLPeVOLE in una natura che di per se andava avanti diritta come un fuso con le sue leggi fisse, male e bene ben fissati dalle regole auree della sopravvivenza della specie e della fisica universale..

Una mela, accidenti. Una conoscenza proibita. E ambita.

Un passo falso in un obbedienza inventata, in una ricerca tentata.

Il bene e il male, a scelta. Per chi può scegliere.

Il libero arbitrio, bell'invenzione !

Io credo che il senso di colpa sia davvero la prima voce del demonio peggiore.

Il masso di granito, di sedimentazioni di esperienze sbagliate che ti trascini dietro e spingi davanti in tondo.

E andrebbe polverizzato.

Polverizzato.

L'unico dovere che riconosco è non vivere la vita d'altri e dissolvere il fardello di false memorie che ti opprime.

PER DONARLO.

Se non ci riesci

prova solo a smettere di credere che sia obbligatorio espiare.

Riconosci

le voci malefiche che te lo gettano addosso, solo perché hai pronunciato una parola proibita.

Sciogli la colpa, deridi il suo demone che respira la tua aria.

Purtroppo, grosse istituzioni di riferimento (...) rinforzano alla grande ogni seme di colpa..per manovrare le coscienze, anche la tua, e tu lo accogli come fosse un amico sincero e saggio.

Un giusto maestro, con una frusta autorizzata.

E invece è un idiota.

Non capisce niente, non sa costruire. Sa solo bloccare e punire.

Già lo fai da sola, il senso di colpa non ti serve.

Lascialo a chi te lo crea.

Lo fa perché è schiavo e cieco più' di te.

Solo che tu stai al gioco. Che è sempre lo stesso, che noia.

Una vittima un carnefice e un salvatore si incontrarono un giorno a casa tua.. a banchettare.. E giocarono a palla con la pelle del pollo...

Non c'è colpa.

Ci può essere

Errore,

Confusione,

Svista di direzione,

Mala interpretazione delle cose,

Cedimento,

Fatica

Brama di respiro...

Tutto normale e tutto giusto.

NON E' COLPA TUA

E quindi di nessuno.

La tua vita non è un errore MORALE, le tue azioni non sono oggetti da punire.

Ugualmente non è colpa di altri.

I tuoi genitori sono esseri umani che sbagliano perché sbagliare fa p-arte del vivere. Si deve cambiare gradino per salire un scala.

E non è colpa loro, quello che sei, quello che non sei.

Non è colpa l'averti partorita, come sei, è successo e basta,

ed è successo che tu non ti riconosci in loro.

Non è una colpa, né tua né loro, è solo per ora un accadimento .

NECESSARIO.

E' successo. Non sconfitta.

Come il big bang dell'universo, accadde. E tutto fu, **anche il male.** Accadde. E tutto fu, **anche il bene.**

Non interessa davvero nulla di chi sia la colpa, è MOLTO più interessante per te scoprire

chi e cosa

devi e puoi **e vuoi**

PER DONARE .

Per non esservi capiti.

Perché i pianeti ricomincino a danzare.

42) Disegna se vuoi, per favore come immagini la faccia della colpa. E poi falle tanti capelli ricci colorati, come stelle filanti o la parrucca di un clown. Capovolgi il disegno e completa un paesaggio come se quella cosa fosse una nuvola sospesa. **Titolo: non c'è.**

Disegno 42 – Non C'è.

21

LA SECONDA TRIADE

Questa è un'altra triade fantastica:

I verbi **volere potere dovere** si chiamano " modali " in grammatica e sono così importanti da seguire regole e costruzioni speciali, particolari, apposta per loro, perchè rappresentano in ogni lingua, i tre meccanismi psichici basilari per la struttura del pensiero e del comportamento umano che il linguaggio riflette fedelmente.

E spesso se usati bene sono le chiavi magiche per aprire o chiudere molte porte.

Già tante volte te li ho proposti in questa lettera omeopatica.

La salute significa anche usare loro al momento giusto nel modo e nell'occasione giusta.

In te sono tutti mischiati e confusi, sia come significato, senso e obbiettivi che come intensità e calibro.

E il **Principe Dovere** ha un netto e dittatoriale predominio che crea dis-equilibrio a te e ai suoi fratelli.

Di solito costituiscono la struttura armata dell'identità espressa nel linguaggio. (più o meno)...Il motore verbale dell'agire. Gli incipit delle motivazioni. E gli indicatori di guida, start- stop - svoltare qui..

Sono verbi che indirizzano e strutturano la vita quando la vita è strutturabile.

Ma la tua non lo è, e quindi non c'è per ora possibilità di organizzarli a tuo favore, di dirigerli verso il tuo bene..

Più che altro invece sono loro che dirigono te guidati dall'abbaglio o frustati dalla colpa o ti inseguono imbizzarriti,

e tu scappi a casaccio perché non ti travolgano....

che confusione... d' e- MOZIONE...

-Volere-

Quante cose hai voluto nella tua vita a partire dall'aspetto fisico, che ti sono state negate ??

Che bugia allora dice quel tipo famoso quando dice :"chiedete e vi sarà dato" ? ????

O le leggi di " The Secret" ....così di moda..... sono tutte false?

Sto alla porta e busso..

Chi dice che si può avere tutto dalla vita basta volerlo..

O com'è la storia della tua compagna di banco?? Che voleva il fidanzato e le è arrivato con una rosa in mano ?

Perché tu vuoi sempre cose che invece non arrivano??

Non arrivano ?

Volere è questione di **grande e lucida coscienza di sé. Il che permette la visone consapevole.**

Molto diverso dal bramare alla cieca qualcosa.

Per volere qualcosa bisogna prima essere qualcosa . Di preciso.

E strutturare la richiesta in modo preciso

E nutrire di vita quotidiana di un percorso preciso.

E nel percorso è necessario frustrarsi e rimotivarsi , senza fermarsi per lo sgomento in alcuno dei due momenti alternati e necessari l'uno all'altro.

Abbandonando per sempre quel gradino che non è un piedistallo, per salire all'altro prossimo venturo. Senza scandalo.

Sguardo e Cuore fissi all'obbiettivo.

Oggetto del **desiderio.** *Non del bisogno.*

Aggiustare la mira, sempre, le vele , sempre.

La volontà è una forza determinata ma allegra,che gode di quello che fa. Non un comandante nazista crudele e giudicante..

Abita in un oceano non in una lacrima .

-Potere-

Onni-Potente e Onnivora. Basta non selezionare .

L'onnipotenza abbraccia tutto e tutto divora, rende tutto digeribile e gratis.

Un universo di pappa lattea.

Inventato.

Sei convinta di poter fare quello che non sarebbe possibile a nessuno e di non poter fare quello che hai a portata di mano.

Così a tratti ti senti onnipotente e sbatti la faccia per terra o immagini che gli altri siano onnipotenti e sbatti la faccia per terra.

Cosa intendono dire quelli che dicono che ognuno è artefice del proprio destino?? Che poteri magnifici hanno ?

Sono presenti alla propria vita e nel loro corpo.

Finché sarai assente nulla potrai, perché tutto è la fuori.

C'è un telecomando dentro di te, ma va sintonizzato col resto, e tenuto in mano.

Imparando a volere... volendo potere ...

-Dovere -

Ahhhhh la tua specialità !!

devo devo devo devo devo devo devo devo devo devo devo,

soffro soffro soffro soffro soffro soffro soffro soffro

posso posso non posso non posso

voglio non voglio.

Ma DEVO.

Devo.

Persino vivere, DEVO,

accidenti.

C'è un premio? Ti interessa ?? La gara della Ferrari senza ruote..

Chi pronuncia dentro di te quegli enormi granitici DEVI ? Quei grossi pietroni a punta che portano alla piramide del sacrificio...

Perché poi ovviamente sotto tutti a questi DEVO si soccombe...

e se non si riesce si è in colpa..

beh..

La radice di dovere in inglese significa colomba, che annuncio buono ti porta la tua?

Invece in italiano indica la ricerca di un luogo, dov-e ti porta il dov-ere..??

Cerca quel ramo d'ulivo.

Hai il dovere si, di trovare la tua terra perché la tempesta diventi rugiada.

Hai il dovere di fermarti e respirare, perché sei fatta di cellule che vivono di aria e luce, e se LE MERITANO da prima di nascere...

Hai il dovere di accogliere una bambina che un giorno si trovò suo malgrado, chiusa fuori casa.

Ma non è detto che in questo momento tu voglia e possa dovere...

Ti giudica il momento presente, che non è dei migliori perché non sei felice.

Ok,

hai detto che non ami la vita perché la vita non ama te.

Il mondo non ti tollera.

Io si.

Tu sei innocente e degna. *E però lo sono anche loro.*

Se esiste un dovere

*è fare **di tutto***

per scoprirlo al più presto.

43) *disegna tre personaggi, con i nomi dei tre verbi, sig. Volere, sig. Potere, sig. o signora Dovere...colorali di rosso-verde e giallo. **Titolo: il semaforo.***

Disegno 43 – Il Semaforo.

22

L'ANGELO PERFETTO

" LA PERFEZIONE E' NEMICA DEL BENE ".

Un detto interessante, e molto antico.

Deriva dalla leggenda della nascita del *demonio,* che prima di precipitare nel buio era il *perfetto* angelo della luce..

Luci-fero= ti porto la luce (della conoscenza)..

C'era una volta,

un Angelo Perfetto, *il più bello e amato tra tutti gli angeli,* al quale un giorno fu annunciato che al centro dell'universo, col compito altissimo di espanderlo, ci sarebbe stato invece di lui, Il Magnifico, un esserucolo imperfetto, gnoccoloso e bruttarello, vulnerabile e grottesco chiamato uomo..

All'angelo meraviglioso veniva offerta la possibilità di *rimanere* per sempre il più bello ma non *divenire bello, e solo* avrebbe DOVUTO rendere omaggio con un affettuoso inchino a un essere improbabile e fragile di nuova ideazione, con limiti ridicoli e compiti da re, derivato da scimmia, con davanti a sé un percorso lunghissimo e semi impossibile per migliorare sè stesso fino alla propria sublimazione, foriero di potenzialità uniche e illimitate capace col dovuto percorso di diventare esso stesso divino...

A differenza dell'angelo grandioso che era **già** *PERFETTO,* al massimo di tutta la sua straordinaria potenza *PERFETTA,* questo esserinaccietto sarebbe stato *PERFETTIBILE ma senza garanzie..*

Peraltro il perfezionarsi o meno gli veniva data come opportunità da scegliere e coltivare e non come obbligo necessario.." volendo " "poteva " "dovere".. se no anche no..

Lucifero si sdegnò di tanto affronto, da rinnegare il suo creatore, e ribellarsi all'ordine UNIVERSALE.. L'Infinito Onnipotente preferiva A LUI, suo favolosissimo riflesso alato, un essere sfaldabile, una manciatina ridicola di chili e tempo ..

Che necessità balzana c'era di un essere che **dovesse** soffrire e lavorare per essere solo molto dopo..potente e competere con lui .. *quando c'era già lui....*

meraviglioso,

eterno,

perfetto

e incorruttibile ?

Domanda logica e impeccabile... anche Lucifero *aveva ragione* **piena e perfetta** e come vedi è la stessa domanda e la stessa logica ragione che ci poniamo noi, e come noi per quella domanda e per quella logica, pesante come una zavorra mortale l'angelo perfetto precipitò all'inferno, che divenne il suo regno perfetto e buio.

Così fu che Lucifero, Magnifico Portatore di Luce RAGIONE e Saggezza divenne rantolante miserabile re di rabbia, tenebra e dubbio, scimmia di dio nero d'invidia, in un regno al contrario, eterno nemico dell'umano procedere.

La **perfezione** è stata la debolezza di Lucifero e gli ha fatto perdere tutto perché gli ha impedito di amare. E lo ha affogato nel disprezzo. La perfezione non ammette per dono. E' obbligatoria.

Come noi, Il Male non poteva concepire il percorso per ottenerla senza possederla già pronta, né tollerava l'infinito amore del suo stesso creatore per colui che **imperfetto per natura si poteva perfezionare *volendolo a immagine   e somiglianza.. su libero arbitrio..* libera-mente per volere e potere non per dovere.**

Si chiama " peccato " una mancanza d'amore e di essere e di bene.

La perfezione è nemica del bene.

Perché c'è ed è *finita e immutabile,*

Il bene invece *si inventa e si raggiunge. In finita mente.*

Come Dio.

E il piccolo uomo chiuso nel suo limite **non ha limiti** nel poterlo superare.

Non ha confini che non siano quelli dell'infinito..

(con la dovuta e-voluzione)

Puoi partire da dove sei ..

quella perfetta

lasciala all'inferno a cui appartiene,

L'Universo ha scelto te.

Dell'Altra, *La Perfetta,*

non sa che farsene.

44) Puoi disegnare e colorare una forma che ti sembri perfetta ? (stella / cerchio/ quadrato/ esagono.. la silouette di una barbie..) Puoi disegnarne una che ti sembri imperfetta ?Unisci le due forme con delle linee, lentamente pensando lentamente al tuo nome. O mettine una dentro all'altra..E respiraci su. **Titolo: inferno & paradiso.**

Disegno 44 – Inferno & Paradiso

23

LO SONO O LO HO ?????

Ho due gambe, ho capelli e cosce, ho le braccia e due mani, ho piedi occhi, fegato e intestino. Ho un cuore e una pancia e una testa.

E SONO grassa.

Mi è caduto addosso un corpo e mi possiede. Lui ha me e i sono altro ma non altrove. Sto qui dentro e non mi lascia passare. E' mio ma non lo voglio e non lo posso regalare ma mi costa caro.

Chi **ha**, e chi **è** là dentro, dove convivete stretti in due nessuno e centomila?

Ogni cellula impregnata del tuo pensare, ma chi pensa ? Chi soffre? E chi è la cellula?

Abitando valli oscure, in cui trovare la strada. Una strada che si è persa tra milioni e milioni di cellule e sinapsi, tutte attive e tutte troppo nemiche o tutte troppo alleate.

Ci abbiamo litigato da piccolissime e siamo rimaste incastrate in un labirinto ingombrante cucito stretto addosso.

Anima pesante per un corpo pesantissimo.. pensieri leggeri che vorrebbero volare.

Infinitamente ti chiede compassione, questo vaso imperfetto che imprigiona le tue idee, fino a che le idee lo faranno fiorire, e la terra bruna e informe, goffa di argilla, sarà madre di fiori e frutti.

E scoprirai che da sempre ne eri il seme e il profumo.

Tutto il resto è materia che va e viene, come le maree o le foglie in estate e autunno.

E la tua mente e il tuo corpo e il tuo sentire saranno ancora o non saranno più.

E rimarrà invece sempre un io SONO.

Degna di me stessa io sono Vera e Viva.

E io solo SONO io .

E io SONO .

VIVA.

E

Io SONO

degna.

E IO

SONO.

24

IL MARE ROSSO

ROSSO MAR ROSSO

CHE MI ATTRAVERSI L'ANIMA

DI FUOCO TURCHESE.

FOLLE DI LUCE

RESPIRO STUPENDO STUPORE

SOSPESA D'ABISSO .

E

VIVIDA VIVO

DI LIRICO BLU.

DI ESTREMO SALE.

DI TUTTO IL MIO ROSSO A MARE.

25

LA VITA MARRONE

MA la vita non è sospensione ESTATICA nell'acqua blu, quello è un solo *limitato* momento, è fatta invece dei tuoi mattoni di terracotta e tocca a te metterli insieme. Uno per uno, ben saldati..

Non è blu non è liquida non è senza peso, non è solo colorata non è in Egitto

Non è **vacanza.**

Ma **presenza**.

Non ci si può immergere a sognare in una vasca abbandonata piena di mattoni scartati buttati dentro a casaccio....

Aspetta a tuffarti..

Prima c'è qualcosa da fare ..

Qui..

45) *Quella delle immersioni subacquee in Mar Rosso dove ho vissuto e lavorato come diver per due anni,è stata una delle più appaganti e straordinarie della mia vita, là sotto vagavo libera e senza peso tra meraviglie di ogni sorta.*

E' importante nella subacquea seguire molto seriamente pratiche molto disciplinate per immergersi,

ma SOPRATTUTTO PER RIEMERGERE..

Ti piace la sensazione di essere immersa o avvolta da qualcosa ? Nella vasca da bagno per esempio.. o alle terme...

Qui descrivevo le mie immersioni subacquee in mar rosso.

Vuoi provare a illustrare la poesia, per come hai visto le foto del mar rosso sott'acqua ? O una tua esperienza di immersione in qualche cosa ?

Titolo : ri-nascita.

Disegno 45 – Ri-nascita.

26

E QUINDI CHE SI FA ???

Forse ti aspetti quindi,comprensibilmente, arrivati fin qui,

un consiglio decisivo.

Un'indicazione chiara o peggio **una soluzione** a questo tuo blocco d'intenti e saresti forse felice o curiosa di valutare **qualsiasi cosa** casomai anche per negarla,

tranne che un umile e già sentito:" *io non ho risposte*"..

"La Montagna Sacra di Jodorowsky" è un film per adulti .

"Kung Fu Panda" per bambini.

Te li consiglio entrambi dicono che la risposta a ogni ricerca e affanno è scritta su un foglio in bianco.. e che il fine del viaggio è il viaggio stesso..

Ma tu, PER ORA non puoi permetterti una risposta così " sofisticata" e volatile, irritante, provocatoria ...che assomiglia troppo a una beffa..

Il mettersi in cammino in se stesso è a parere di molti già la risposta che cerchi.

Un po' fastidioso da accettare.

Tutto qui????

Vuoi sapere dove e come arrivare.

Almeno.. e molto di più.

Vuoi L' AS – SOLUZIONE..

Come non capirti.. con quello che stai passando...

E con tutto l'impegno che hai messo, anche a leggere qui

Il pane quotidiano di un certo cristo, che guarda caso sempre da una tavola ha regalato i suoi insegnamenti più buoni, qui s' ha da creare:

la vita di tutti i giorni è sacra di per sé. SE???

Il dio in terra, l'uomo diventato il proprio se stesso divino, avvisa **senza insistere** che la vita nelle sue componenti più quotidiane , **è " cosa sacra" e salvezza da ogni male..**

La vita quindi lo è di per sé per chi sa amare il per-corso e per-dona costantemente, e in questo si sublima, proprio come tu vuoi fare..

a part-ire

dalla propria *banalità* quotidiana , *a volte mediocre,*e monotona sedimentazione di " buone regole" e " buone fatiche"

con qualche festa e qualche funerale qua e là ...

Quindi come condurrai la tua Vita Sacra, tu che ne sei momentaneamente disgiunta ?

Questa lettera da più domande che risposte perché ricalca il tuo pensare ossessivo.

Ma non voglio tradirti ora su questo punto che sicuramente è la cosa che ti aspetti da me.

Perché ti avevo promesso all'inizio un' Amicizia.

Mettici del tuo, però. Collabora con me.

Aiuta tu, me. Io sono una come te.

Noi sappiamo le stesse cose insieme. Cara mezza mela..

Forse ne sai più tu.

Tramite i tuoi disegni e le tue risposte le capirò, le imparerò.

Cercherò di costruirci una Tua Espressione, Le darò spazio, sottolineerò il Tuo nome, ma tu stessa già prima di me lo avrai GIA' fatto.. scrivendo disegnando leggendo e facendo.. e respirando.. MA SARAI TU A FARLO.

Sapere senza amare non serve.

Avere ragione, come l'hai certa-mente, neanche.

COSA

deve-vuole-può *fare* una Border che non ha voglia di soccombere fino in fondo a una sindrome che davvero può essere mortale o spazzare via tutto come uno tzunami nel suo traballarsi tra finta normalità e abnorme dolore.

La Vita presa in tempo e nel contesto giusto qualche speranza la concede.

Forse quella giusta.

Quella chiave della torre..

Guarire,

è una parola a caso qui. Non c'entra.

Non si può "guarire" dall'aver ragione.

C'è da imparare a rendere innocua una ragione troppo corrosiva o affilata. E invertire il senso della lama.

Capire tante cose anche capire tutto o troppo purtroppo serve a poco, a pochissimo,

è come capire esattamente le dinamiche tecniche del guasto al motore della jeep quando si è già in mezzo al deserto, senza cellulare, attrezzi e acqua ...Capire, lì a 100 km dalla città, importa fino a un certo punto.

Va bene la luce ma un faro puntato negli occhi abbaglia e rovina la retina.

Meriti di meglio, che solo capire e sapere..

C'è la possibilità di afferrare in tempo un paracadute non bucato, e quello che ti auguro è questo miracolo.

Guarire e vivere è **diversissimo** dalla sparizione di un sintomo.

A me la bulimia e l'anoressia scomparvero improvvisamente dopo un anno di comunità e 9 pillole di tofranil al giorno quando ancora non c'era il litio dopo 12 anni di delirio alimentare ininterrotto nei minuti, dopo aver raso al suolo come uno tsunami di zucchero tonnellate di scuole, amici, progetti e vita dai 12 fino ai miei 24 anni.

Quando passò, perché di colpo non mi svegliavo più pensando al cibo, né trascorrevo più 24 ore al giorno a pensarlo e a cercarlo ovunque in modo spasmodico, credetti all'improvviso che quindi era finalmente arrivato il momento di essere a mio modo la Claudia Schiffer inespressa e nascosta che mi sentivo di essere.

Bastava perdere quella quindicina di chili in più e trovare un lavoro qualsiasi, perché secondo me era arrivato il momento di abbandonare sogni e studi e aiuti di famiglia (adesso che ero *guarita*) "rendermi indipendente" (= guadagnar soldi)(24 anni) e una vita " qualsiasi" si poteva anche condurre...

" Qualsiasi "purchè stipendiata al meglio ....

Senza bulimia tutto sarebbe stato possibile, persino bello. Qualsiasi cosa sarebbe stata vita.

Mi ero liberata di un sintomo, che finalmente se ne era andato dopo chilometri in salita e discesa di prove ma di chi fossi io e cosa fare per diventarlo o che fosse necessario, tolto il sintomo, cominciare a diventare cosa

ancora nessun lume.

Tentai di vivere a caso, scopiazzando dai modelli sociali di moda.. aggrappandomi a quel che arrivava, fossero anche anche pure stati i cavi dell'alta tensione, e a chiunque arrivsse dato che ero già Così in ritardo...

Ero una neonata di 24 anni da sola con le sue certezze, in mezzo alla città.

Non sapevo ne immaginavo che tolto il sintomo rimane così bene in piedi la struttura mentale che lo origina, una cosa che i gruppi degli alcolisti anonimi, sottolineano molto correttamente.

Ero finalmente senza crisi bulimica e senza ossessione per il corpo, e possedevo un sacco pesante di sapienza legato addosso, e a me bastava per sentirmi forte.

Ma non c'ero io.

Nel percorso (molto bello e completo te lo consiglio) degli anonimi alcolisti, bulimici o altro, i partecipanti si qualificano come tali e patologici anche anni e anni dopo la sospensione del sintomo.

Con rispetto.

Non sapevo di essere un pesce rosso in una bolla di vetro, che si era si liberato la codina da un masso mostruoso, in cambio della sola libertà di nuotare in tondo, in una boccia per giunta ingombra di altri massi.

Sono arrivati quindi una dopo l'altra, snocciolati nel tempo, altri casini, altre sentinelle, patologie, dipendenze affettive, fallimenti sul lavoro, dolori immensi, depressioni, morte di molti amici, analoghi, abbandoni, sensibilità ustionanti, fidanzamenti drammatici, cause civili e conflitti a nastro.

E io che ho passato questo sono qui solo per dirti che a te questo non deve succedere.

Per saltare nel mare, dopo tanti anni di prigionia nell'acquario, ci vogliono dei passaggi in mezzo.

Dal tacersi del sintomo in poi, scatta il tempo tardivo ma **possibile,** in cui tu hai da imparare *umilmente* più faticosamente perché già grande, tutto ciò che gli altri hanno imparato nel corso di un intera vita, cominciando da piccolissimi.

Tu, lo PUOI fare adesso,

lo DEVI fare bene,

e lo VUOI fare subito.

ok.

Si fa.

In molte vite.

E non si tratta di costruire altre corazze o maschere per difendere un'anziana appena nata in un mondo di adulti.

Ma di capire BENE dove dirigersi e che alleanze stipulare a slalom tra vecchi errori e nuove tentazioni a occhi aperti, a perdono aperto verso casa, oltre l'oltre.

Senza muoversi a caso.

Tutti quei processi che in te sono saltati quando è saltata l'identificazione coi genitori vanno ricostruiti adesso.

E il compito è duretto, perché i feti e gli infanti lo fanno piuttosto automaticamente, con qualche strillo, capriccio e strepito, ma quando a strepitare è un adulto ferito spesso i risultati sono male interpretati.

Non spaventarti.

Non credere per un solo attimo che tutto ciò non sia normale e non sia il segno **ottimo** di un lavoro **giusto**.

Un santo non è uno che non cade mai ma uno che si rialza sempre.

Come te.

Non ce la puoi fare da sola perché la vita non è cosa solitaria.

Ti ci vogliono delle persone a fianco che ti aiutino a creare o ri-creare le condizioni di partenza,

poi ci vuole la partenza,

poi ci vuole il percorso passo passo..

Quindi, piccolo fiore fragile , non cosa ti *consiglio* (non è il mio ruolo)..

ma cosa

TI AUGURO:

E' NECESSARIO E URGENTE che tu trovi riparo.

Te lo dico con la stessa sincerità con cui ti ho scritto fin'ora, e davvero credimi che quei brevi periodi in cui ti senti " normale " o a volte più che normale, non sono che lampi di luce in una tempesta per ora più grande, ed è una tempesta pericolosa.

Trova riparo, dentro a te stessa, e guarda le persone sotto la loro maschera e senza la tua.

Evita i salvatori, evita le vittime e sarai salva dai carnefici.

E quindi **ti auguro**

di trovare altre persone che ti siano vicine gratuitamente come lo sarebbe un genitore vero

che non è uguale a un amico ma senz'altro non è un nemico ,

che abbiano lo stesso sacro e innocente entusiasmo della mamma gigante di cui ti scrivevo pochi capitoli più in su.

E che siano genitori imperfetti perché tu scopra guardando loro con sguardo AMOREVOLE cosa manca in te senza che la cosa ti sia di scandalo.

Le persone ti sono essenziali con ogni sforzo non abbandonarle, e se ti abbandonano loro ti auguro di saperle lasciare andare.

Ti auguro di riuscire a contenere i giudizi su di te e su di loro,

sapendo che le tue emozioni sono avvelenate da sostanze ancora imprecise e una psiche che ancora appartiene a un altro mondo.

Ti auguro la libertà di perdonarli costantemente senza abbandonarli fino a che ti permettono di perdonarli,   e altrettanto

ti auguro la forza di abbandonarli senz'altro e senza indugio alcuno non appena non perdonano te o se stessi,

basta specchi e sprechi.

Aria fresca.

Ti auguro la possibilità di una casa famiglia temporanea vera o simbolica dove tu possa osservare le dinamiche di chi vive " normalmente ", almeno osservare, e fare la palestra che non hai fatto da piccolissima con le giuste protezioni.

Una casa famiglia, un gruppo di amici (una sola non ce la fa), un movimento, una squadra di basket..

Potessi tu essere costante nel frequentarli e osservare come gestiscono i quotidiani obiettivi comuni

e i grandi valori..

Ti auguro di imparare ad esserlo se ancora non lo sei.

Motivata dalla gente giusta per te.

Ti auguro le forze per non scappare dalle piccole fatiche quotidiane, lavarsi i denti e apparecchiare la tavola compreso, che costruiscono quelle grandi.

Ti auguro di amare i passi piccoli, e i noiosi mattoncini dei grandi percorsi e delle grandi costruzioni.

Ti auguro la forza di sopportare la frustrazione inevitabile che l'idiozia di tante situazioni ti obbligano a vivere, tu che ti accorgi della stupidità prima e meglio degli altri. Più perdoni gli altri, più dai spazio a te stessa.

Perdonare a volte significa salutare per sempre e non voltarsi indietro. Ma senza ricordo di rancore.

Ti auguro questa forza e una mente che trattenga le buone memorie e dissolva le cattive.

Ti auguro di incontrare chi, capendo chi sei, ti indirizzi e ti tenga ben stretta a una strada di studi e di lavoro e di amore e di vita, che sia il più simile possibile a quello che ti potrebbe piacere. Fino a che non capirai tu del tutto, cosa ti piace del tutto.

Se non ti diverti a fare quello che stai costruendo, sii sicura che è una strada inutile.

Ti auguro di incontrare la cura giusta, senza plagi e senza illusioni,siano fiori di Bach, danza o ziprexa, medicina naturale classica indiana o inventata per te che sia quella adatta a te, ce ne sono milioni.

Ti auguro un medico che non trasformi in suo oro le tue lacrime.

Ti auguro di incontrare l'Amicizia di persone che ti sappiano stare di fianco senza giudicarti.

Ti auguro, in ginocchio, di amare il tuo gatto o cane, e per lui essere in grado tutti i giorni di fare qualcosa, imparando ogni cosa dalla sua voce benefica. Riconoscendo che l'amore per gli animali, che è più facile di quello per le persone, è il passo uno nell'imparare ad amare, ma non l'ultimo.

Ti auguro di appassionarti anche dell'essere umano.

Ti auguro di saper schermare il giudizio degli altri, e attutire il tuo.

Ti auguro di credere che se riuscirai a trovare qualcosa da fare di questa vita, anche il tuo corpo che tanto odi perché non riconosci, piano piano ti assomiglierà di più. E che se saprai accarezzarlo tu, troverai chi, imitandoti lo farà gratuitamente e per amore.

Ti auguro la fortuna incredibile di avere tempo, e di sapere che ne hai e di sapertelo prendere se non ne hai...non mai per recuperare quello perduto, ma per inventarne uno nuovo.

Ti auguro il coraggio di renderti madre per dare e non per prendere. Senza " fare " un figlio ma dando spazio a un anima che vuole vivere come ora la tua.

Ti auguro la più grande nostalgia di te stessa, ma non infinita, una finita e delimitata nostalgia che ti indichi una via e un passo, non una vetta e una sfrenata corsa.

Ti auguro di amare oltre la dipendenza.

Ti auguro di perdonare il carnefice,

accogliere la vittima

e allontanare il salvatore.

Ti auguro di amare sempre la Fatica di costruiree non il delirio di distruggere.

Ti auguro di riconoscere sempre la Gioia e la Strada.

Ti auguro la Visione, di cosa sta costruendo quella Fatica, perché se non sta costruendo il Duomo di Milano,

sta costruendo te.

Ti auguro un confine utile superabile e imperfetto.

Ti auguro di potere e volere e dovere diventare te stessa .

Ti auguro di credere e di sapere e di ricordare SEMPRE

che ne vale la pena.

46) *Dolce come un fiore il mio augurio di vita per te.*

In Giappone esisteva l'usanza di riparare con dell'oro i cocci dei vasi rotti, nel ricostruirli, o le crepe di quel che si rovina. Si rappresenta così, magnificamente, il concetto che quando una cosa si rompe, ma poi si ripara, è la frattura stessa che la rende più preziosa e unica di prima.

Disegna un vaso o una casa o un albero, una forma semplice. Ritagliala e falla a pezzetti di carta, e poi ricomponili con la colla su un altro foglio.

Mentre incolli le parti, ripeti respirando il nome della cosa che stai ricostruendo.

Titolo : Un pezzo alla volta.

Disegno 46- Un Pezzo alla volta.

28

UNA FAME DA LUPI

Un anziano cherokee racconta al giovane nipote questa favola:

"C'è una guerra quotidiana dentro di te, è una lotta dura tra due lupi che dura da sempre.

Uno è cattivo, invidioso, ingordo, feroce, arrabbiato, bugiardo e di infinito orgoglio perché è stato tanto ferito odia sempre il prossimo e non vede se stesso. E ti vuole uccidere.

L'altro invece è buono e affettuoso, e dispensa gioia, compassione umiltà e benevolenza, protegge me e la mia casa... Vive dentro a te per dispensarti della sua forza e del tuo calore e ti alleato in ogni cosa.

Lottano per il possesso del tuo cuore.

Il nipote lo guarda impaurito chiedendo: nonno, ma chi dei due vincerà' ?

E il nonno in risposta: " Quello che nutrirai di più . "

29

LE DEDICHE

Le persone a cui ho dedicato questo libro, che è anche ovviamente dedicato a Voi tutte e a Te Sola, una vita l'avevano, e secondo i canoni del mondo erano vincenti e risolti.

Michele era un astrofisico di fascino infinito.

Attilio, un padre di 4 figli, guarito dalla droga, di arguzia e intelligenza e cuore ineccepibili.

Francesco e Nini, i miei zii, avvocato e geologo, entrambi intelligentissimi, e di pregiati natali..

Si sono tutti uccisi, perché avevano una vita anche vincente ma che non era la loro.

Dedico il libro non solo a chi vive nel terrore e nel panico del non essere, ma anche a chi ha percorso strade e vinto traguardi, ma scoprendo che non sono i propri e credendo che non ci sia più tempo o rimedio a un non essere improvviso, si sente costretto a gettarle nell'abisso davvero.

Non c'è vincente o perdente fino a che non c'è una persona che sa chi è . Per davvero.

A volte non basta una vita sola.

Dedico il libro

a tutti i perdenti che sono ancora qui a lottare,

a tutti i vincenti che sanno donare.

La " sindrome " border, è un miasma fangoso che si insinua nei vuoti grandi o infinitesimali anche di vite che sembrerebbero compatte e strutturate, ammirevoli e invidiabili, non solo in quelle di giovani esseri verdi e implumi.

E' una patologia sottovalutata, male interpretata.

E proprio perché tale spesso mortale

Riguarda le persone, ma anche la società e la cultura tutta.Il nostro intero mondo è Border, sta ai confini di un essere e un non essere, oscilla tra assoluti inutili e relative certezze.. stritola di doveri improbabili e libertà ingannevoli.

Alza barriere all'espansione del sé e dei popoli e poi piange e corre per superare i limiti di un telefono cellulare.

Le anime qui dentro cercano memoria di un proprio senso. Anelano alla dignità di un esserci che non così naturalmente gli viene concesso.. inventano nemici per non guardare chi le opprime, anche da dentro. Vivono di specchi ma non vedono lo sguardo altrui.

Il riscatto che cerchi tu, lo cerca anche il tuo mondo. Ingozzato di paura e scarnificato nel suo realizzarsi. Confinato forza in confini stretti.. Come se vivere per la propria espressione e non per creare denaro a sua volta fittizio fosse una colpa ancora una volta di cui dar conto, e non l'obbiettivo primario di ogni parto, e di ogni concepire..

Accorgersi che la propria vita non è la propria non può infatti che essere mortale, e guarda caso lo è davvero,in senso fisico o psichico, di fatto ci si accorge o si crede che qualsiasi sforzo fatto sia inutile, che qualsiasi obbiettivo pregresso sia stato vano, che qualsiasi risultato ottenuto sia del tutto estraneo. Se non si toglie al proprio corpo la vita fisicamente questa sicuramente sparisce da sola psichicamente e sorge una saggia depressione bipolare che si sforza di suggerire il cambio rotta.

Dedico poi ovviamente il libro Te a Voi Ragazze che state portando un sacro fardello che si chiama Sintomo e non è il nemico ma un Suggeritore.

Il sintomo ha un istinto di sopravvivenza superiore al tuo.

Il sintomo urla di fermarsi e cambiare.

Il sintomo ha ragione.

Come te.

Se nessuno sa ascoltare te,

tu impara ad ascoltare lui.

Ne vale la pena.

A Rosanna ed Enrico,

miei carissimi, meravigliosi, irripetibili,

disastrosi genitori.

A me stessa..

A tutte le ragazze e i ragazzi border, anoressici, bulimici, tossici, alcolisti e dipendenti che ho incontrato nella mia vita, sia a chi ancora c'è, che a chi è saltato di là.

A tutte le persone che hanno la fortuna di non conoscere né vivere mai le lacerazioni che capitano a chi soffre di queste sindromi, perché abbiano il coraggio di non specchiarsi, sospendere il giudizio, trovino la voglia di capire il diverso da sé,e dare una mano senza pretendere altro.

A Michele, Attilio, Alberto, Francesco e Nini.

So che siete tutti vivi.

Con Affetto, Gaia.

Gaia Clerici é nata a milano nel 1970 .

E' stata anoressica e bulimica dai 12 ai 24 anni e da allora si è dedicata allo studio di ogni manifestazione comportamentale che rientra nella fenomenologia più ampia della sindrome border-line, documentandosi in proprio e frequentando inumerevoli comunita', corsi e professionisti di diverse estrazioni, che si occupano a vario titolo di dipendenze o di ricerca psicologica, psichiatrica o spirituale.

Diplomata in lingue, ha studiato comunicazione pubblicitaria a milano e lavorato per qualche tempo in questo campo prima di trasferirsi in Egitto per vivere a contatto col mare insegnando subacquea sulle barche egiziane.
Rientrata in italia a causa della malattia di entrambi i genitori, si è dedicata principalmente all'arte aprendo e gestendo per 15 anni una propria ditta (www.gaiaclerici.net), intervallando poi il lavoro in proprio con esperienze varie di lavori dipendenti e attività sociali volontarie. Costantemente attratta dalle attività di studio e assistenza al disagio prosegue da sempre e per sempre il lavoro di evoluzione e crescita personale che ritiene il compito principale di ogni essere umano, in un ottica di guarigione e crescita costante, indipendentemente dalla presenza o meno di un sintomo esplicitamente riconosciuto come tale.

Attualmente è Operatore Socio Assistenziale e si dedica alla cura e allo studio della fragilità (anziani, psichiatria, disagio sociale e mentale border e dipendenze) a Varese dove vive da 20 anni e all'estero, ovunque ci sia un confine da superare... prima di tutto il proprio.
www.facebook.com/gaiaclerici
www.facebook.com/ gaiaclerici feltart
www.gaiaclerici.net
www.facebook.com/TU HAI RAGIONE